KB217444

여자 목사 임직은 성경적이다

여자 목사 임직은
성경적이다

초판1쇄 2022년 3월 28일
초판1쇄 2022년 3월 28일

지은이 나용화

펴낸이 박정자
편집디자인 김옥순.이미경.허희승
펴낸곳 에페코북스

제 작 ㈜예손그리너
주 소 서울시 영등포구 여의도동 14-5
전 화 (02)2274-8204
팩 스 (02)2274-1854
등 록 제20011-999127호
이메일 rutc1854@hanmail.net

Copyright©에페코북스.2022.Printed in Korea

ISBN 979-11-85312-58-3
한권값 10,000원

「여자 목사
임직은
성경적이다」

나용화 지음

에페코북스

*에페코는 헬라어로 '굳게 붙잡다'는 뜻을 담고 있다. 에페코북스는 구원과
생명의 말씀을 굳게 붙잡고 나가는 믿음의 기업이 되겠습니다.

목차

저자의 말

미국 카버난트신학대학원에서 유학하던 때 신약신학 교수님께서 교회 안에서 여자의 역할에 대하여 가르쳐 주신 바 있었다. 그 교수님에 의하면, 여자는 남자의 머리가 아니기 때문에(참고, 고전 11:3) 교회 안에서 목사나 장로의 직분을 맡아서는 안 된다는 것이 성경의 일관된 가르침이라고 하였다. 그 이후로 한국의 장로교회 안에서 여자 목사 안수에 관한 논쟁이 있던 때 부정적인 견해가 우세하였기에, 그 같은 견해가 성경적인 줄로만 알았다.

얼마 전 내가 속해 있는 교단에서 여자 목사 안수가 헌의됨으로 해서 신학적인 연구가 필요하게 되었다. 그 때 성경신학자인 한 교수님이 성경적으로 괜찮다는 견해를 밝히게 되어, 교단의 총회가 여자 목사 안수의 건을 찬성하여 가결하였다. 조직신학자인 나도 찬성하는 편에 서게 되었다. 그러나 성경적으로 제대로 확신을 갖지 못하고 있었다.

줄곧 고민하던 중, 교단 소속의 여자 목사인 서말심 목사의 미간행 논문의 초고를 읽어 보고서 답의 실마리를 찾게 되었다. 그리고 프랑스에서 유학 온 여자 신학생 피델리아의 논문 지도를 맡게 되어 여자 목사 임직을 주제로 쓰게 해 보았다. 피델리아가 아주 지혜롭게 논문을 잘 씀으로 해서 지도 교수인 나의 속이 시원한 답을 얻게 되었다.

이에, 서말심 목사의 논문 초고와 피델리아의 목회학 석사(M.Div) 논문(렘넌트신학연구원, 2021년)의 자료들을 활용하고, 본인의 저서인 「창세기 복음」(기독교문

서선교회, 2016년)과 「성경적 조직신학」(기독교문서선교회, 2020년) 등을 참고하여 「여자 목사 임직은 성경적이다」를 저술하였다. 자료를 제공해 주고 사용하는 것을 흔쾌히 허락해 준 서말심 목사와 피넬리아에게 감사드린다.

본서를 통해서 한국 장로교회가 여자 목사 임직을 긍정적으로 이해하는 계기가 마련되기를 기대하며 끝으로 이 책을 출판해 주신 에페코북스 박정자 대표님께도 깊은 감사를 드립니다.

저자 나 용 화

서론

하나님이 창조하신 세계에는 질서가 있다. 하나님은 시간과 공간을 만드시고 그 안에 해, 달, 별들과 식물과 동물 등 각종 생물을 만들어 두시고 자연의 법칙을 제정해 주시고, 그 질서와 법칙에 따라 사람이 살게 하였다. 하나님이 제정해 주신 질서와 법칙을 사람이 무시하고 깨뜨리면 창조주 하나님을 거스르는 것이 됨으로, 그 질서와 법칙을 잘 알고 거기에 따라 사는 것이 참된 믿음이요 경건이다.

하나님께서 자기의 형상대로 만드신 사람, 곧 남자와 여자 간에도 질서가 있고, 하나님이 만드신 세계와 사회와 가정 안에서 각각의 역할이 있다. 그리고 하나님의 가족이요 그리스도의 몸인 교회 안에서도 남녀 간에 질서가 있고 각각의 역할이 있다.

남녀 간에 있는 질서와 역할이 죄로 말미암아 왜곡이 되고, 남자들에 의하여 여자의 역할이 부정적으로 해석되어 왔다. 특히 교회 안에서 여자의 역할이 매우 제한되어, 여자에게는 목사나 장로의 직분을 허용하지 않았다. 지금도 일부 소위 보수적인 교회 안에서는 여자를 목사나 장로로 임직하지 않는다.

과연, 성경은 여자의 역할을 어떻게 가르쳐 놓았는가? 창세기 1장에서 하나님의 형상으로 창조된 남자와 여자의 본래 역할은 무엇인가? 하나님의 창조 사역의 질서와 하나님의 형상의 성경적 의미를 살핌으로써 여자의 본래 역할을 제1장에서 기술했다. 그리고 창세기 2장에서 에덴동산을 배경으로 하여 남자와 여자의 본래 역할을 살폈다. 에덴동산은 하나님의 성소요, 하나님이 사람과 처음으로 생명의 언약을 맺은 곳이었다. 그 에덴동산의 핵심은 가정이고, 그 가정은 남자와 여자가 한 몸을 이룸으로 세워졌다. 에덴동산, 생명언약, 그리고 가정을 배경으로 여자의 역할을 기술했다.

제3장에서는 창세기 3장을 중심으로 죄 아래 있는 남자와 여자의 왜곡된 역할을 기술했다. 죄는 하나님과 사람 간의 관계를 왜곡시켰을 뿐 아니라, 남자와 여자의 관계를 변질시킴으로 남녀 간의 역할도 왜곡되었다.

제4장에서는 생명의 창시자(행 3:15)이시고, 구주(행 5:31)이시며, 구원의 창시자(히 2:10)이신 예수 그리스도 안에서 구속을 받은 남자와 여자의 역할을 기술하되, 구약에서는 창세기의 믿음 조상들인 아브라함과 이삭과 야곱, 출애굽기의 모세와 미리암, 그리고 드보라, 룻, 에스더를 중심으로 하고, 신약에서는 예수의 어머니 마리아, 막달라 사람 마리아, 루디아, 브리스길라와 뵈뵈를 중심으로 살폈다.

그리고 제5장에서는 교회 안에서의 여자의 역할과 관련하여 주요하게 다루어 놓은 대표적인 구절들로 사도행전 2:16-21, 갈라디아서 3:28, 고린도전서 11:2-16과 14:34-35, 그리고 디모데전서 2:8-15 등을 택하여 설명했다.

결론적으로, 교회 안에서 여자의 지도자로서의 역할에 관하여 성경적으로 긍정적인 관점에서 평가하였다. 다시 말해서, 하나님의 형상으로 창조된 남녀의 역할, 에덴동산에서의 남녀의 역할과 관련하여 예수 안에서 구속된 남녀의 역할을 성경적으로 살핌으로써 교회 안에서 여자에게 안수하여 목사의 직분을 주는 것이 성경적으로 합당하다고 결론지었다.

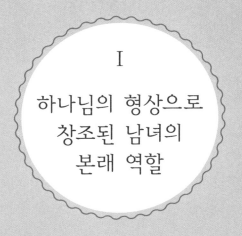

I

하나님의 형상으로
창조된 남녀의
본래 역할

하나님이 자기 형상 곧 하나님의 형상대로 사람을 창조하시되 남자와
여자를 창조하시고 하나님 이 그들에게 복을 주시며 하나님이
그들에게 이르시되 생육하고 번성하여 땅에 충만하라,
땅을 정복하라, 바다의 물고기와 하늘의 새와 땅에 움직이는
모든 생물을 다스리라 하시니라(창1:27-28)

I. 하나님의 형상으로
창조된 남녀의
본래 역할

하나님께서 말씀하시기를, "우리가 우리의 형상대로 우리의 모양을 따라 사람을 만들자. 그들이 바다의 물고기와 하늘의 새와 들짐승과 온 땅과 땅 위에서 기는 모든 길짐승을 다스리게 하자."고 하셨다. 그리하여 하나님이 사람을 자기의 형상대로 창조하시되, 하나님의 형상대로 그가 사람을 창조하셨다. 하나님은 남자와 여자로 그들을 창조하셨다. 하나님은 그들에게 복을 주셨다. 그리고 하나님은 그들에게 말씀하시기를, "생육하고 번성하며 땅에 충만하고 그것을 정복하여라. 그리고 바다의 물고기와 하늘의 새와 땅 위에서 움직이는 모든 생물을 다스려라."고 하셨다.(창 1:26-28) (ESV: RSV)

창세기 1장에는 하나님의 창조 사역이 상세하게 기술되어 있다. 6일간에 걸쳐 날짜를 따라 하나님께서 순서를 두고 질서 있게 창조하셨다. 그리고 하나님은 마지막에 사람을 자기의 형상대로 만드시고 모든 땅과 땅 위에 있는 것들을 다스리게 하심으로써, 하나님의 창조 사역과 관련하여 사람에게 해야 할 역할을 주셨다. 그래서 창세기 1장에는 창조 사역과 관련하여 남자와 여자의 본래 역할이 잘 드러나 있다.

1. 하나님의 창조 사역의 질서

창세기 1장은 하나님의 창조 사역을 시간 창조로부터 시작했다. '태초에'는 맨 처음 시작을 가리킨다. 영원 속에서 시간이 시작된 것이다. 다시 말해서, 하나님이 시간을 제일 먼저 창조하셨다. 시간을 만드심에 있어서, 어둠 속에서 빛을 만드셨다. 빛과 어둠을 창조하시고(사 55:7) 빛과 어둠의 한계를 세우셔서(욥 26:10) 나누셨다(창 1:4). 이로써 빛을 낮이라 하고 어둠을 밤이라 하였으며, 저녁과 아침이 있어 날이 만들어졌다(창 1:5). 하나님은 해가 낮을 다스리게 하고, 달이 밤을 다스리게 하고 낮과 밤이 나뉘는 가운데 날, 달, 계절, 그리고 해를 이루셨다(창 1:14-16). 이렇게 해서 하나님은 제일 먼저 시간을 창조하신 것이다.

하나님은 시간을 창조하심과 동시에 공간, 곧 하늘과 땅을 창조하셨다.(창 1:1, "태초에 하나님께서 하늘과 땅을 창조하셨다.") 하나님은 시간과 공간을 동시에 창조하신 것이다. 시간 없는 공간 없고, 공간 없는 시간은 없다. 시간이 멈추면 물질의 변화와 이동을 허용하는 흐름이 멈추기 때문에 공간이 무너진다. 한편, 물질의 부피를 담는 그릇으로서 공간이 있어야 물질의 이동을 가능케 하는 시간이 있을 수 있다. 시간이 멈추면 우주의 종말이고, 우주가 소멸되는 순간 시간도 멈춘다(벧후 3:10).

하나님은 하늘과 땅을 만드실 때, 윗 궁창을 하늘이라 부르고 아래 궁창을 바다라 부르셨다(창 1:8-10). 그리고 물을 한 곳으로 모으고 마른 곳이 드러나게 하여 그 마른 곳을 땅이라 부르셨다(창 1:9-10). 이렇게 해서, 하나님은 하늘과 바다와 땅을 만드셨다. 하나님이 만드신 시간에 날, 달, 계절, 해 등 측정 가능한 한계를 정하신 것처럼, 공간에도 한계와 길과 깊이 등이 있다. 빛의 집으로 가는 길, 곧 해와 달과 별들이 움직이는 길(궤도)이 있고(욥 38:19-24), 폭우와 천둥과 번개를 위한 길이 있으며(욥 38:25), 바다에도 한계와 길과 깊이가 있다(욥

38:10-11, 16; 잠 8:29). 땅도 크기가 정해져 있어 여러 개의 큰 덩어리들로 구성되어 있다(욥 38:5, 38). 이처럼 하늘과 땅과 바다에는 하나님이 만드신 바, 사람이 깨달아 알기 어려운 놀라운 자연의 법칙이 있는 것이다(욥 38:33). 또한 하나님께서는 별들에게 자리를 정해주실 뿐 아니라(욥 38:31-32) 사람(행 17:26)과 짐승들을 위해서라도 거주할 곳을 정하여 경계를 세우셨다(욥 38:19-39:30).

시간과 공간을 만드신 다음에 하나님은 날짜를 따라 순서대로 만물들을 창조하셨다. 첫째 날에 빛과 어둠, 둘째 날에 하늘, 셋째 날에 바다와 땅 등 공간을 만드시고 나서 하나님은 같은 날에 채소와 과일나무를 땅이 내게 하셨다(창 1:11-12). 땅에서 채소와 과일나무 등 식물이 자라나게 하나님이 하신 것이다(시 104:14, 15).

첫째 날에 어둠과 빛을 만드신 하나님은 그 공간에 맞는 해와 달과 별들을 넷째 날에 만드셨다. 그리고 그 해와 달과 별들이 낮과 밤을 각각 다스리게 하여 빛과 어둠이 시간 따라 나뉘게 하셨다(창 1:14-19). 하나님은 이렇듯 공간과 시간과 자연의 법칙과 만물이 하나로 어우러져 질서를 세우게 하셨던 것이다.

둘째 날에 윗 궁창, 곧 하늘과 아래 궁창, 곧 바다를 나뉘게 하신 하나님은 다섯째 날에 큰 바다 짐승과 생물의 무리로 바다에서 번성케 하시고, 하늘 궁창에서는 날개 있는 새들이 날아다니게 하셨다(창 1:20-23). 하늘은 새들이 날아다니고, 바다는 물고기들이 헤엄치며 살아 그 공간들을 누비게 하셨다.

셋째 날에 바다와 나뉘어 땅이 드러나게 하고 그 땅에서 풀과 채소와 열매 맺는 나무들이 자라나게 하신 하나님은 여섯째 날에는 땅이 각종 들짐승과 길짐승(기어 다니는 짐승)을 생겨나게 하여 땅에서 나는 풀과 채소와 열매들을 먹고 자랄 수 있게 하셨다. 이렇게 하나님은 시간과 공간과 만물과 자연의 법칙 등을 순서대로 질서 있게 만드시고 나서 하나님의 형상대로 자기의 모양을 따라 사람을 남자와 여자로 창조하시고 하나님이 엿새 동안에 만드신 것들, 곧 시간과 공간과 만물과 자연의 법칙들을 다스리며 활용하게 하시고, 복을 주어 땅에서 생육하고 번성하게 하셨다(창 1:26-28). 또한 푸른 풀은 땅의 짐승과 새와 기어 다니는 생물에게 먹이로 주시고, 씨 맺는 채소와 열매를 맺는 나무는 사람들의 양식으로 하나님이 주셨다(창 1:29-30).

하나님은 우주라고 하는 대극장을 설치하시고 시간

표에 따라 만물이 자연의 법칙대로 움직이게 하시고, 그 가운데서 사람이 그 모든 것을 다스리고 활동하는 가운데 생육하고 번성하게 하셨다. 이 모든 것이 하나님께서 보시기에 심히 좋았다(창 1:31). 하나님은 이 모든 것의 창조주요, 소유주요, 주권자이시다. 그 하나님께서 사람을 자기의 형상대로 창조하신 것이다.

2. 하나님의 형상의 의미

성경적으로 하나님의 형상이 무엇을 의미하는지를 제대로 이해하려면 창세기 1장의 창조 사역을 배경으로 하여, 창세기 1:26-28을 문법과 문맥을 따라 살피고, 관련된 성경 구절(예컨대, 시 8:5)도 살피며, 고대 근동 지방에서 사용하던 '신의 형상'의 의미를 참조하고, 또 하나님의 참된 형상이신 예수님과 관련지어 살펴보아야 한다.

1) 창세기 1:26-28의 문법과 문맥

26절 상반절, "우리가 우리의 형상대로 우리의 모양을 따라 사람을 만들고." 이 문장에서 먼저 유의할 것은 '우리'라는 단어이다. 이 단어가 세 번이나 반복 사용되어 있다. 하나님을 가리키는 히브리어 '엘로힘'은 장엄 복수형이어서 단수로 취급된다. 그래서 '엘로힘'에 대한 인칭대명사는 3인칭 단수인 '그'(영어, 'he')이고, 그것을 주어로 하는 동사도 단수형 동사(예; 영어, 'creates')이다. 그런데 '엘로힘'께서 말씀하시면서 자기를 가리켜 '우리'라고 하신 것이다. 이로 보건대 '엘로힘'은 한 분이시면서도 세 분이신 삼위일체 하나님이신 것을 함축하고 있다.

　　삼위일체 하나님께서 '형상대로 모양을 따라' 사람을 만드셨다. '형상'과 '모양'은 같은 의미로 볼 수 있는데, 이는 27절에서는 '모양'이 언급되지 않고 '형상'만 반복해서 사용되었기 때문이다. '형상'과 '모양'이 사실상 같은 의미이기 때문에 '모양'을 빼어도 상관없는 것이다. 창세기 5장 1절에도 "하나님께서 사람을 창조하실 때 그를 하나님의 형상대로 만드셨다."라고 쓰여있다. '모양'이라는 단어가 생략되어 있다. 그러나 5장 3절에서는 "아담은 자기의 모양대로 자기 형상을 따라 아들을 낳았다."라고 하였다. 한 문맥에서 '형상'만 사용되는가 하면, '형상'과 '모양'이 함께 사용된 것을 보아서도, 두 단어는 의미가 같은 것이다. 신약성경에서도 '모양'이라는 단어는 생략되고 '형상'으로만 사용되어 있는 바, 예수 그리스도는 '하나님의 형상'이라 했는가 하면(고후 4:4; 골 1:15; 히 1:3), 새 사람을 두고 '창조주의 형상을 따라'(골 3:10)라고 하였다. (참고, 손석태, 「창세기 강의」 p.37).

그리고, 창세기 1:26에서는 '우리의 형상대로 우리의 모양을 따라'라고 되어 있으나, 창세기 5:3에서는 '자기 모양대로 자기 형상을 따라'라고 되어 있다. '대로'와 '따라'라는 전치사(히브리어, '베'와 '케')가 의미상 차이 없이 사용되었다. 그래서 창세기 1:27에서는 '대로'라는 전치사만 사용되었고, 신약성경에서는 '따라'(헬라어, '카타')가 사용되었다(골 2:10).

한편, 하나님께서 자기 형상대로 '사람'을 만드셨다. '사람'(히브리어, '아담')이 복수형이 아니고, 단수형이다. 그리고 히브리어 '아담'은 본문에서는 고유명사가 아니고, 보통명사로 '일반 사람'이다. 인류의 혈통상 맨 먼저 창조된 조상으로서 사람일 뿐이다.

26절 하반절, "그들이 바다의 고기와 하늘의 새와 들짐승과 온 땅과 땅 위에서 기는 모든 길짐승을 다스리게 하자."

이 문장에서 우선 주의할 단어는 '그들'이라는 인칭대명사이다. 이 인칭대명사가 가리키는 선행사는 '사람'('아담')으로서 단수형 명사이다. 단수형 명사를 가리켜 사용된 인칭대명사가 복수인 것이다. 다음 문장인 27절에 보면, '사람'(히브리어 단수형 명사, '아담')을 하나님의 형상대로 창조하시되, "그들을 남자와 여자로" 창조하셨다고 기술되어 있는 것으로 미루어 볼 때, '사람'('아담')은 '남자와 여자'로 처음부터 만드셨다. '남자'와 '여자'가 '하나'의 '사람'이면서, 또한 '두' 구별된 사람인 것이다. 두 구별된 남자와 여자가 하나의 '사람'('아담')이다. 남자와 여자 사이에는 구별은 있으나 하나의 사람으로서 차별이 없다.

하나님은 남자와 여자인 사람에게 새와 들짐승과 길짐승과 온 땅을 '다스리게 하자' 하셨다. '다스리다'는 히브리어 '라다'는 28절에서도 사용되어 있다. 이 '라다'라는 동사는 고대 히타이트 족속의 대왕들이 황제가 되어 그들의 속국 왕들을 대리 통치자로 세워 일정한 영토와 백성들을 다스리도록 위임하는 경우에 쓰였다. 이로 보건대, 본문에서는 절대 주권자요 창조주이신 하나님이 대왕으로서 사람에게 위임하여 땅과 짐승들에 대하여 대리로 다스리게 하신 것이다. 이 '라다'는 '마샬'과 같은 의미로 사용되어 있는 바, 창세기 1:16, 18의 경우 해와 달이 낮과 밤을 다스리게 한다는 의미로 쓰였고, 시편 8:6에서는 여호와 하나님이 사람에게 왕권을 주어 그가 지으신 것을 다스리게 하는 의미로 쓰였다. 창세기 3:16과 4:7에서는 죄 아래서 안 좋은 의미로 다스리는 것을 가리켜 사용되기도 했다. 여호와께서 왕으로서 다스리는 경우는 동사 '말라크'가 사용되었다(시 47:8; 93:1; 97:1; 146:10; 사 32:1; 52:7). (참고, 손석태, 「창세기 강의」 p.33).

그러므로, 본문이 의미하는 바에 의하면, 창조주이시요 절대주권자이시요 만왕의 왕이신 하나님께서 사람을 하나님의 형상대로 남자와 여자로 만드시고 그들에게 온 땅과 땅에 있는 짐승들과 바다의 물고기와 공중의 새들을 다스리는 대리 통치권을 주셨던 것이다.

27절, 그리하여 하나님이 사람을 자기의 형상대로 창조하시되, 하나님의 형상대로 그가 사람을 창조하셨다. 하나님은 남자와 여자로 그들을 창조하셨다.

앞 구절에서 살폈듯이, 이 구절에서는 '사람'('아담')을 하나님이 자기의 형상대로 창조하시되, 남자와 여자로 '그들'을 창조하셨다. 남자와 여자로 구별된 두 인격체, 곧 행위의 주체가 동일한 한 사람이고, 그들이 하나님의 형상으로 창조된 것이다. 이로 보건대, 남자와 여자를 동일하게 한 사람으로 하나님이 그의 형상으로 창조하셨다. 단수 명사인 '사람'('아담')과 '하나님의 형상대로'와 '그들'이라는 복수형 인칭대명사 그리고 '남자와 여자'를 함께 묶어서 고려할 때, 남자와 여자는 하나님께로부터 통치권을 위임받아 온 땅과 만물을 다스리는 행위의 주체로서 하나님의 형상으로 창조된 '사람'('아담')인 것이다.

28절, 하나님은 그들에게 복을 주셨다. 그리고 하나님은 그들에게 말씀하시기를, "생육하고 번성하며 땅에 충만하고 그것을 정복하여라. 그리고 바다의 물고기와 하늘의 새와 땅 위에서 움직이는 모든 생물을 다스리라."고 하셨다.

본문에서는 '사람'이라는 단어는 사용되지 않고, '그들'이라는 복수형 인칭대명사만이 사용되었다. 행위의 두 주체인 남자와 여자에게 하나님이 복을 주시고 말씀으로 다스리는 권세를 위임하신 사실이 명확하게 드러나 있다. '다스리다'는 말은 사랑으로 '다 살리다' 곧 모든 만물을 사랑으로 다 잘 살게 하는 것을 의미한다. 선한 통치자인 왕은 하늘의 뜻을 따라 땅과 물과 만물을 자연의 법칙을 따라 잘 관리하여 다 잘 살게 하였던 것이다.

2) 시편 8:5-8에 대한 해석

시편 8:5-8, 주께서 그(사람)를 하나님보다 조금 못하게 하시고, 영광과 존귀로 왕관을 씌우셨습니다. 주께서 그로 주님의 손으로 지으신 것을 다스리게 하시고, 만물을 그의 발 아래 두셨으니, 곧 모든 양 떼와 소 떼와 들짐승과 하늘의 새와 바다의 물고기와 물길 따라 다니는 것들입니다.

이 시편의 본문은 히브리서 2:6-10에 인용되어 인자이신 예수 그리스도에게서 성취된 것으로 설명되어 있다. 히브리서 기자의 해석에 의하면, 사람이신 예수님은 십자가에서 죽음의 고난을 받으심으로 잠깐 동안 천사들보다 못한 낮아지신 분이셨으나, 그는 인자로서 영광과 존귀로 왕관을 쓰신 분으로 많은 아들들을 영광으로 인도하시는 구원의 창시자이셨다. 그래서 하나님께서는 그분의 발 아래 만물을 복종하게 하시어, 그가 만물을 다스리는 권한을 위임받으셨던 것이다. 그래서 부활하신 예수님도 말씀하시기를 아버지께서 "하늘과 땅의 모든 권세를 나에게 주셨다."(마 28:18)고 하셨다.

히브리서 2:6-10에서 인용되고 설명된 것에 비추어 시편 8:5-8을 살펴보면, 하나님께서 사람 곧 인자(참조, 4절)를 영광과 존귀로 왕관을 씌우셨다. 그리고서는 하나님께서 지으신 만물과 가축들과 새와 물고기 등을 사람의 발 아래 두어 다스리게 하셨다. 사람은 하나님보다 낮은 신분이나 하나님께서 왕권을 주어 모든 만물을 다스릴 수 있는 권한을 위임하신 것이다.

이로 보건대, 시편 8:5-8은 창세기 1:26-28에서 하나님의 형상으로 창조된 남자와 여자에게 하나님께서 만물을 다스리게 위임하셨다는 사실을 확실하게 뒷받침하고 있다.

앞에서 밝혔듯이, '다스리다'는 히브리어 동사 '라다' 대신에 시편에서는 '마샬'이 사용되어 있다. '마샬'은 '말라크'와는 달리 '라다'와 거의 같은 의미로 쓰였다. (참고, 손석태, 「창세기 강의」 p.33).

3) 고대 근동 지방에서의 '신의 형상'의 용법

구약 성경은 고대 근동 지방의 문화와 풍습과 많은 관련이 있다. '하나님의 형상' 또는 '신의 형상'이라는 단어는 고대 메소포타미아와 이집트 문헌들, 곧 고대 셈족 사회에서 사용되었던 바, 왕을 가리켜 '신의 형상'이라고 하였다. 다시 말해서, 고대 근동 지방에서 '신의 형상'은 왕의 통치 기능을 염두에 두고 영광스럽고 존귀한 왕을 가리켜 사용되었던 것이다. 예컨대, 메소포타미아에서는 왕을 가리켜 그들이 섬기던 신 '벨'의 형상, '샤마쉬'의 형상, '마르투크'의 형상이라 칭하였고, 이집트에서는 그들이 섬기던 신 '아문'의 살아있는 형상, '르'의 모양 등으로 불렀다. (참고, 손석태, 「창세기 강의」 p.38).

이로 보건대, 고대 근동 지방에서 사용된 '신의 형상'은 그들이 섬기던 신에게서 왕권을 위임받아 통치 행위의 주체가 된 바, 영광과 존귀로 관을 쓴 왕을 가리켰던 것이다.

4) 하나님의 형상이신 예수님의 삼중직

하나님 아버지에게서 하늘과 땅의 모든 권세를 받으신 하나님의 아들, 겸손과 온유의 왕 예수 그리스도가 바로 하나님의 형상이시다. 복음의 영광스러운 광채로 빛나는 그리스도가 하나님의 형상이요(고후 4:4), 하늘과 땅에 있는 모든 것들을 창조하시고(골 1:15) 신성의 모든 충만이 육체로 거하여 모든 통치와 권세의 머리(골 2:9-10)이신 그리스도가 하나님의 형상이시다. 그는 하나님의 영광의 광채로서 하나님의 본체의 형상이시기에 자신의 능력의 말씀으로 만물을 붙드신다(히 1:3).

하나님의 형상이신 예수 그리스도는 하나님께 성령으로 기름 부음을 받음으로써(요 3:34; 행 10:38) 선지자

직과 제사장직과 왕직 등 세 직분을 한꺼번에 한 몸에 받으셨다. 그는 모세 같은 참 선지자이시고(행 3:20-24), 영원한 대제사장이시며(히 4:4), 유대인의 왕(마 2:2)이실 뿐 아니라 만왕의 왕(계 19:16)이시다.

선지자직에 관하여, 선지자 모세의 경우를 보면, 믿음의 조상 아브라함과 이삭과 야곱과 맺은 하나님의 언약을 자기 백성으로 하여금 기억하게 하고(출 2:24; 시 105:7-10), 그 시대의 죄악상을 고발하며(출 3:7), 이스라엘의 불신앙 상태를 지적하되(출 6:9) 하나님의 구원의 계획을 알려주었다(출 3:8-10; 6:6-8).

예수님은 구약의 선지자 모세처럼 행위와 말씀에 권능이 있는 선지자이시다(눅 24:19). 모세가 하나님과 대면하여 말씀을 받고 그 말씀이 그 입에 가까이 있었는가 하면(민 12:8; 신 18:18; 행 7:38), 온유하고 겸손함으로 순종하는 생활과 능력을 행함에 있어서(참고, 민 12:3) 권능 있는 선지자였다. 이에 비하여, 예수님은 영원한 선지자로서 하나님의 말씀을 권능 있게 선포하시되(마 7:28-29) 하나님 나라의 복음을 직접 선포하시고 (마 4:23) 천국의 비밀을 계시하시며(마 13:11; 갈 1:11-12), 하나님을 친히 계시하셨을 뿐 아니라(요 1:18; 마 11:27), 구원의 비밀과 하나님의 뜻을 계시하셨다(엡 1:8-9).

영원한 선지자이신 예수님은 육신을 입고 이 땅에 오시기 전에는 구약의 선지자들의 입을 빌려 계시하셨다(벧전 1:11). 육신을 입고 이 땅에서 살아계시는 동안에는 친히 말씀으로 가르치고 몸으로 행하여 복음의 진리를 선포하셨다(마 26:63-64). 또한 십자가로 사탄 마귀를 무력화시키고 승리하심으로써 사망의 그늘에 앉아 있던 자기 백성들을 살리셨다(골 2:15). 그러나 승천하신 후에는 성령을 통하여 성경 말씀을 가지고 교회 안에서 계속적으로 계시하신다(요 16:13-15; 엡 1:17-18).

계시의 수단과 관련하여, 선지자이신 예수님은 외적 계시의 경우, 일반적으로는 자연 현상과 역사적 사건들을 이용하시나, 특별하게는 성경 말씀과 초자연적인 이적들(예: 치유와 악령을 쫓아내는 일 등)을 통해서 하신다. 내적 계시의 경우는, 일반적으로는 인간의 본성과 양심을 통해서 하시나, 특별하게는 성령의 조명과 꿈과 환상과 음성을 통해서 하신다.

제사장직에 관하여, 구약의 경우 제사장의 주요 업무는 제물을 드리는 일(레 1-7장), 성전을 섬기는 일(레 21-22장), 구제와 환자를 돌보는 일(레 14장; 신 14:22-28; 26:12-13), 중보 기도하는 일(레 10:22-24) 그리고 율법을 가르치는 일(레 10:11; 대하 17:7-19) 등이 있었다. 이에 비하여, 예수님의 제사장 직분도 크게 보면 네 가지로 수행되었다.

첫째로, 예수님은 십자가 상에서 하나님의 진노와 저주를 자기 백성 대신 받으심으로써 죄를 위한 속전(ransom)으로 내주셨다(막 10:45; 히 9:26). 이로써 구속 곧 속량(redemption)을 성취하고 속죄 제물(expiation), 화해 제물(propitiation), 화목제물(reconciliation)이 되셨던 것이다(롬 3:25; 히 2:17; 9:12; 요일 2:2; 4:10; 고후 5:18-19). 그는 유월절 어린 양으로서(고전 5:7) 자기 백성의 죄를 위한 희생 제물이 되심으로써(요 1:29), 자기 백성을 죄와 사망에서 구원하시고, 그가 흘린 피로 죄를 씻어 거룩하게 하신다(히 9:14).

둘째로, 예수님은 단번에 드려진 영원한 속죄 제물이실 뿐 아니라, 영원한 대제사장으로서(히 2:17; 4:14; 5:10) 그의 피를 가지고 하늘 지성소에 들어가 하나님 보좌 우편에 계셔(히 4:14; 8:1) 자기 백성들을 위하여 영원토록 항상 지속적으로 중보 기도하신다(롬 8:34; 히 7:25), 이로써 사탄 마귀가 하나님의 백성을 고소하거나 정죄하거나 대적하지 못하게 보호하실 뿐 아니라 마침내 최종적으로 승리하게 하신다(롬 8:33-39).

셋째로, 예수님은 선한 목자로서 굶주린 무리들을 불쌍히 여겨 먹이시고(요 6:1-15), 여러 가지 질병으로 고생하던 병자들을 치료하시며(마 4:23-25), 특히 더러운 악령 들린 자들을 온전하게 해주시고(마 8:15), 그들을 거룩하게 해 주심으로써 하나님의 자녀가 되게 하셨다.

넷째로, 회당에서 예수님은 주로 안식일에 성경을 읽고 가르치셨다(눅 4:15-22). 그가 성경 말씀을 가지고 가르치시던 때 그의 은혜의 말씀에 사람들이 놀랐고(눅 4:22), 특히 그분의 말씀의 권위에 놀랐다(눅 4:31-32). 예수님의 가르침은 서기관들과는 비교가 안 되는 권위가 있었고(마 7:28-29), 그 권위 있는 말씀으로 악령들을 쫓아내시고 모든 병자들을 고치셨다(마 8:16).

그리고 왕직에 관하여, 구약의 경우를 보면, 왕의 주요한 직무는 정의와 공의와 공정을 구현하기 위해 은혜와 인애와 긍휼을 베풀어 나라를 견고하게 하는 것이었다. 다시 말하자면, 하나님의 법도와 율례를 따라 왕은 선악 간에 다스리고(법치, 法治), 백성들의 생존권과 행복권을 위하여 허물을 덮어주고 사랑으로 다스리며(인치, 仁治), 가난하고 힘없는 자들의 편을 들어 아픔을 함께하며 덕으로 다스림으로(덕치, 德治) 나라가 의와 평

화를 누리게 하였다. 그리고 이와 관련하여, 백성들의 안녕과 행복을 위하여 대적들로부터 나라와 백성을 보호하고, 그 대적들과 싸워 물리치는 것도 왕의 주요한 직무였다. 이와 같은 구약의 왕의 직무와 관련지어 볼 때, 예수님의 왕의 직무도 다음과 같이 몇 가지로 요약될 수가 있다.

첫째로, 왕이신 예수 그리스도는 아버지 하나님께서 창세 전에 택하신 자들을 복음으로 불러내어 자기에게 속하게 하시고, 그들로 교회를 이루게 하심으로써 그가 교회의 머리가 되어 다스리신다(골 1:18).

둘째로, 예수님은 자기의 택한 백성들에게 구원과 영생의 은혜를 베푸신다. 영생에 이르게 하는 성령을 주시는가 하면(요 4:14; 7:37-39), 스스로 생명의 빵이시자, 길과 진리의 생명이 되어 자기 백성에게 생명의 은혜를 베푸신다(요 6:48; 14:6).

그는 죄에 대해서는 바로 잡아 주고 회개하게 하시며(참고, 요 8:11), 그들이 시험과 고난을 당할 때 지키시고 힘이 되어주신다(히 2:18). 그는 사탄 마귀와 더러운 악령들을 결박하고 제압하여 무력화시키고(골 2:15), 자기에게 속한 자들에게도 악령들을 제압하는 권세를 주셨다(눅 9:1-2).

셋째로, 하나님을 알지 못하고 불순종하는 자들에 대해서는 재앙과 심판을 행하신다(요 5:27-30).

넷째로, 예수님은 만왕의 왕으로서 자연을 복종시키고(눅 8:22-25), 하늘과 땅의 모든 것들이 그에게 무릎을 꿇게 하시며(빌 2:9-10), 특히 죄와 사망을 꺾으신다(고전 15:55-57).

결론적으로 말하자면, 하나님의 형상이신 예수 그리스도에게는 기능적 역동적 직분인 선지자직, 제사장직, 왕직이 있어 하나님과 사람 사이에 중보자 역할을 하실 수가 있었다. 그는 선지자로서 하나님께 나아가 예배할 수 있는 길과 진리가 되어 주시고, 제사장으로서 속죄 제물이 되실 뿐 아니라 대제사장으로 하나님 우편에 중보 기도하심으로 자기 백성이 하나님 앞으로 담대히 나아갈 수 있게 하시고, 왕으로서 사탄 마귀와 악령들을 제압하고 무력화시킴으로써 자기 백성이 하나님의 나라를 지금 여기서 누릴 수 있게 해주셨다.

3. 하나님의 형상으로 창조된 남녀의 본래 역할

창세기 1장에 기술되어 있는 바 하나님의 창조 사역

에 비추어 보면, 하나님은 보통 사람, 곧 남자와 여자에게 시간과 공간과 만물과 자연의 법칙을 사용할 수 있는 권한을 위임해 주셨다. 창조 사역을 하심에 있어 맨 먼저 시간을 창조하시되, 날과 달과 계절과 해를 구분하여 만드셨다. 해가 낮을, 달과 별들이 밤을 다스리게 하여 낮과 밤을 나뉘게 하심으로 시간이 흐르게 하셨던 것이다.

본래 고대 근동 지방이나 군주 국가에서는 최고의 통치권자인 왕에게 시간의 사용권이 있었다. 그런데 창조주이시요 절대 통치권자이신 하나님께서는 사람을 남자와 여자로 만드시고 그들에게 시간을 사용할 수 있게 하셨다. 남자와 여자가 다같이 시간을 사용할 권한이 있었던 것이다.

하나님은 시간과 함께 공간, 곧 하늘과 땅과 바다를 만드시고 순서대로 질서 있게 하늘에는 새들이 날게 하시고, 땅에는 각종 짐승들이 살게 하시고, 바다 물 속에서는 각종 물고기들이 헤엄치며 다니게 하셨다. 하나님께서는 온 땅과 각종 짐승과 새와 물고기들을 다스릴 권한, 곧 다 살리는 권한을 남자와 여자에게 주셨다. 특히, 짐승들에게 풀을 먹게 하시고, 사람에게는 채소를 먹게 하시어 짐승들이 다 잘 살 수 있게 하나님이 배려

하셨다.

고대 근동 지방에서 왕을 두고 신의 형상이라 하였고, 왕은 자기들이 섬기던 신에게서 통치권을 위임받아 시간을 사용하고, 땅과 모든 만물들을 다스렸다. 즉, 자기들이 섬기던 신을 대리하여 왕권을 행사하였던 것이다. 그래서 창세기 1:26, 28에 사용되어있는 히브리어 '라다'는 왕권을 위임받아 다스린다는 뜻이 함축되어 있다. 이로 미루어 보건대, 하나님은 사람을 남자와 여자로 만드시되 하나님의 형상으로 만드셔서 그들에게 다스리는 권세를 위임하여 주신 것이다. 즉, 하나님의 형상으로 창조된 남자와 여자는 하나님에게서 통치권을 위임받아 시간과 공간(하늘과 땅과 바다)과 만물을 자연의 법칙을 따라 다스리게 된 것이다. 그러므로, 하나님의 형상이란 기본적으로 왕의 통치 기능과 관련되어 있다. 다시 말해서, 하나님을 대신하여 통치하는 기능과 권한을 가진 왕을 가리켜 하나님의 형상이라고 한 것이다. 하나님의 형상으로 창조된 남자와 여자는 하나님에게서 시간과 공간과 만물을 하나님이 제정하신 자연의 법칙대로 다스리는 권한을 위임받은 바, 존귀와 영광의 관을 쓴 왕이다. 그래서 베드로는 하나님의 자녀 된 모든 성도에 대하여, 주인과 종 남자와 여자(남편과 아내)

차별 없이, '택하심을 받은 족속이고, 왕 같은 제사장들이고, 거룩한 나라이고, 그분의 소유된 백성'(벧전 2:9)이라 하였고, 하나님의 선한 청지기라고 하였다(벧전 4:10). 모든 성도마다 왕이요, 제사장이요, 나라요, 백성이되, 하나님께로부터 권한을 위임받은 선한 청지기로서 하나님의 형상인 것이다.

그런데, 하나님의 참된 형상이신 하나님의 아들 예수 그리스도의 삼중의 직분, 곧 선지자, 제사장, 왕의 직분과 관련지어 보면, 하나님의 형상의 본래 개념이 더 분명해진다. 우리의 믿음의 조상인 아브라함의 경우, 그는 선지자였고(창 20:7), 번제를 드린 제사장이었으며(창 22:13), 하나님이 세우신 영도자, 권세 있는 왕이었다(창 23:6). 또한 그리스도 예수에게 속한 자마다 그 안에 그리스도의 형상이 있기에(참조, 갈 4:19), 성도마다 그리스도의 세 직분을 아브라함처럼 가지고 있는 것이다.

예수 그리스도의 지체된 하나님의 자녀들의 경우, 선지자 직분과 관련해서 보면, 예배의 기능과 권세가 있다. 선지자 예수님께서 말씀 계시를 통하여 예배를 회복시키셨기에(요 4:19, 29), 하나님의 자녀도 선지자로서 성령과 진리로 하나님을 예배할 수 있는 것이다(요 4:23, 24).

하나님께서 사람을 남자와 여자로 창조하시되 하나님의 형상으로 창조하신 다음 날을 안식일로 정하신 것(창 2:1-3)과, 하나님이 세우신 에덴동산을 하나님의 성소로 삼으시고 거기서 남자와 여자가 하나님과의 언약에 근거하여(창 2:16-17) 하나님을 예배하게 하신(참조, 창 2:15, '경작하다'는 히브리어 '아바드'는 '예배하다'를 의미하기도 한다.) 사실로 보아서도 사람은 하나님을 예배하는 선지자적 기능을 가지고 있다. 사람, 곧 남자와 여자는 다같이 본래부터 선지자적 기능을 가진 존재로서 하나님을 향해 마음을 열고 예배하며 살게 되어 있는 것이다.

제사장 직분과 관련해서 보면, 하나님의 형상으로 창조된 사람에게는 서로 섬기고 돕는 기능이 있다. 남자를 위해 여자를 '돕는 배필'(창 2:18)로 만드신 사실로 보아서도 알 수 있다. 동료 된 사람을 자기의 소유물로 취급하던 고대 근동 지방의 군왕들과는 달리, 서로 간에 하나님의 존귀한 왕 같은 존재로 여기고 사랑으로 섬김과 사귐과 나눔을 베푸는 제사장으로 살아야 하는 것이다.

왕의 직분과 관련해서 보면, 하나님의 형상으로 창조된 사람, 곧 남자와 여자는 만물과 땅에 대하여 하나님이 위임해 주신 통치권을 가지고 있는 선한 청지기이다. 왕의 권세를 하나님에게서 위임받은 사람마다 열린 마음으로 땅과 만물을 사랑으로 다 잘 살게 해야 한다. 그래서 땅이 주인이시요 통치권자이신 하나님의 영광을 선포할 수 있게 하고(시 19:1-4), 모든 자연 만물과 각종 생물들이 하나님을 찬양할 수 있게 해야 하는 것이다. 하늘에서 빛나는 별들, 깊은 바다와 큰 물고기들, 불과 우박, 눈과 구름, 광풍, 산과 언덕과 백향목들, 들짐승과 집짐승과 길짐승과 새들 모두가 하나님을 찬양할 수 있게 해야 할 책임이 사람에게 있다(시 148:3-10, 14).

요약하자면, 선지자, 제사장, 왕의 역동적 기능적 직분과 관련하여 하나님의 형상으로 창조된 사람은 하나님을 향하여는 예배하는 영적 존재이고, 이웃 동료 사람을 향하여는 섬기는 사회적 존재이며, 자연 만물을 향하여는 청지기로서 관리하는 권세적 존재이다.

하나님의 형상에는 역동적 기능적 개념만 있는 것이 아니고, 신약 성경의 에베소서 4:24와 골로새서 3:10에 비추어 보면 품성적인 개념도 있다. 즉, 하나님의 형상에는 하나님을 아는 참된 지식(골 3:10)과 참된 거룩과 의(엡 4:24)가 있다.

선지자로서 사람은 하나님의 언약의 말씀을 통해서 (창 2:16-17) 하나님을 아는 지식을 가지고 있다. 그 지식을 가지고 하나님을 아버지로 알고 예배한다. 제사장으로서 사람은 하나님의 성소인 에덴동산에 하나님이 세우신 가정에서 서로 사랑으로 용납하고 섬긴다. 왕으로서 사람은 하나님의 명령을 따라 땅과 만물을 자연의 법칙대로 관리하고 다스린다.

Ⅱ

에덴동산에서
남녀의 역할

여호와 하나님이 땅의 흙으로 사람을 지으시고 생기를 그 코에 불어 넣으시니
사람이 생령이 되니라 여호와 하나님이 동방의 에덴에 동산을 창설하시고
그 지으신 사람을 거기 두시니라(창2:7-8)

Ⅱ. 에덴동산에서
남녀의 역할

창세기 1장에서 하나님은 히브리어로 '엘로힘'이다. '엘로힘'은 창조주로서, 시간과 공간과 만물과 자연의 법칙들을 만드시고, 우주라고 하는 대극장에 사람을 자기의 형상으로 남자와 여자로 만드셔서 그 모든 것들을 다스리는 권세를 그들에게 위임해 주셨다.

이에 비하여, 창세기 2장에서 하나님은 '여호와'이다. '여호와' 하나님은 언약의 하나님이시다. 사람을 자녀로 삼으시어 사람과 사랑으로 결속된 아버지 하나님이 여호와이시다. 이 여호와 하나님은 안식일을 제정하시고 (창 2:1-3), 땅의 흙으로 사람을 만드시되 그 코에 생명의 호흡을 불어넣어 생물이 되게 하셨으며(창 2:4-7), 에덴동산을 하나님의 성소로 세우시고(창 2:8-14), 그곳에 사람을 두시어 경작하며 지키게 하셨다(창 2:15). 하나님의 성소인 에덴동산에서 하나님이 사람과 생명의 언약을 맺으시고(창 2:16-17), 돕는 배필로 여자를 만들어 주시어 가정을 이루게 해 주셨다(창 2:18-25).

하나님이 세우신 에덴동산에서 남자와 여자의 본래 역할은 무엇이었는가를 살핌에 있어서, 에덴동산의 영적 언약적 중요성을 생각해 보고, 에덴동산에서의 사람의 신분과 권세 및 가정의 중요성을 통해서 남녀의 본래 역할을 알아보는 것이 중요하다.

1. 에덴동산의 영적, 언약적 중요성

에덴동산을 창설하여 자기의 성소로 삼아 그곳에서 거니시는(참고, 창 3:8) 하나님은 '여호와'이시다. 이 '여호와'라는 호칭이 창세기 2장에 11회 반복 사용되어 있다. '여호와' 하나님은 아브라함, 이삭, 야곱과 맺으신 언약을 출애굽 사건을 통하여 성취하신 신실하신 아버지 하나님이시다(출 2:24-25). 이 언약의 하나님은 자기의 택한 백성들에게 '나다'(히브리어, '에흐예'; 헬라어, '에고 에이미'; 영어, 'I Am') (참고, '스스로 있는 자'라는 번역은 적절하지 않다. 「개역개정판」의 난하주와 「바른성경」은 '나는 나이다'로 번역했다.) 이시다(출 3:14-15). 이 여호와 하나님이 자기 백성에 대하여 아버지이시고(신 32:6), 그의 백성이 하나님에게 자녀가 되게 한 것(시 103:13)이 바로 언약이다. 다윗이 말한 대로, 여호와 하나님께서는 "내 아버지, 내 하나님, 내 구원의 반석"(시 89:26)이시다. 그리고 고라 자손이 노래한 대로, "내 구원의 하나님"(시 88:1)이시다. 이 여호와 언약의 하나님이 에덴동산을 자기의 성소로 창설하여 거기서 사람과 생명언약을 맺으셨기에 이 동산이 영적 언약적으로 중요한 것이다.

여호와 하나님께서는 자기의 형상으로 창조된 사람이 안식과 생명과 행복을 누릴 수 있도록 에덴에 동산을 창설하셨다. 그는 최고로 보기에 아름답고 먹기에 좋은 모든 과일 나무들이 땅에서 자라나게 하셨다. 그리고 동산 가운데에는 생명을 누리게 하는 나무와 선악을 알게 하는 나무를 심어 놓으셨다(창 2:9). 여호와 하나님께서는 그 나무들이 잘 자라 좋은 열매들을 많이 맺을 수 있게 강이 에덴에서 흘러나와 그 동산을 적시고, 비손, 기혼, 힛데겔(티그리스), 유프라테스 등 네 개의 강을 이루게 하셨다(창 2:10-14). 그 강들은 하윌라와 구스와 아시리아 땅을 감돌았으며, 그 땅들에는 금과 수정과 호마노 등 좋은 보석들이 있었다(창 2:11-12).

그래서 이 에덴의 동산은 비옥하고 물이 넉넉하여(참고, 창 13:10; 사 51:3) 행복과 기쁨과 생명과 안식이 있는 동산이었다.

이 에덴의 동산은 하나님께서 임재하여 거니시는 곳이었기에(창 3:8; 참고, 레 26:11-12) 하나님의 성소였다. 그래서 하나님께서 사람을 에덴동산에 두신 목적이 하나님의 임재 앞에서 하나님의 영광을 보고 예배하도록 하기 위함이었다. 창세기 2:15에서 사용되어 있는 동사 '아바드'는 '경작하다'를 의미하기도 하지만, '예배하다'(영어, 'to serve', 'to worship')를 의미한다(출 3:12; 신 4:19). 그래서 '아바드'의 명사형인 '아보다'는 '예배'('divine service', 'worship')을 의미한다. 그리고 동사 '샤마르'는 '지키다'를 의미하는데, 율법을 '지키다'는 뜻으로도 쓰인다(참고, 출 20:6; 레 18:5; 수 1:7). 이로 보건대, 에덴동산은 하나님께서 예배를 위하여 세우신 성소인 것이다.

에덴동산 가운데 생명나무와 선악을 알게 하는 나무를 여호와 하나님께서 심어 놓으셨는데, 이것은 솔로몬이 지은 성전의 분위기와도 같다. 솔로몬은 성전을 지을 때, 여호와의 언약궤가 있는 성전의 내실에 그룹들을 만들어 세우고 종려나무들과 활짝 핀 꽃들을 새긴 조각들로 채웠는가 하면(왕상 6:23-32), 석류 열매 두

줄을 만들어 장식해서(왕상 7:18) 에덴동산의 분위기를 연출했다. 그리고 성전의 중앙에 있는 법궤와 속죄판 위에 그룹들이 있어 그 법궤와 속죄판을 지키게 하고, 그 그룹들 사이에 여호와 하나님이 임재하여 말씀하시는 것은(출 25:10-22) 에덴동산의 생명나무를 지키는 그룹들과 그 그룹들 사이에서 하나님이 말씀하시는 것을 상징한다(창 2:16-17; 3:24). 요한계시록 22:1-2에도 보면, 하나님과 어린양 예수 그리스도의 보좌로부터 생명수 강이 흘러 나와서 거리 가운데로 흐르고 강 양쪽에 생명나무의 열두 가지가 항상 열매를 맺고 있는 바, 창세기 2장의 에덴동산이 하나님이 임재하여 말씀하시는 성소인 것을 확증해 주고 있다.

하나님이 임재하시어 예배를 받고자 창설하신 이 에덴동산에서 하나님은 사람에게 명령하여 말씀하셨다. 생명나무의 열매는 자유롭게 먹되, 선과 악을 알게 하는 나무의 열매는 먹지 말라고 엄하게 명령하셨다(창 2:16-17). 이 명령의 말씀은 하나님이 사람에게 하나님을 신뢰하고 순종하게 하려고 주셨다. 신뢰와 순종은 아버지와 아들의 관계에서 되어지는 것이기에, 여호와 하나님, 곧 언약의 하나님은 자기가 아버지가 되시고 사람을 자기의 자녀로 삼는 생명의 언약을 맺으신 것이다

(참고, 웨스트민스터 신앙고백 대요리 20문답: '그와 생명의 언약을 맺으시되, 개인적이고 완전하며 영구적인 순종을 조건으로 하였으며, 생명나무가 보증이 되게 하시고, 선악을 알게 하는 나무에서 따먹는 것을 금하되 사망의 벌을 조건으로 하였습니다.')

여호와 하나님은 친히 흙으로 만드신 그 사람과 언약을 맺으시어 그 사람이 하나님께 대한 신뢰와 순종을 통해서 생명을 얻게 하고자 하셨다. 여호와 하나님께서 주시는 생명은 생명나무의 과일을 먹음으로 얻어지기보다는, 하나님과의 언약을 아버지와 자녀의 관계 속에서 지킴으로 충만하게 영원히 누리게 된다.

하나님이 맺어주시는 언약(covenant)이란 아버지이신 하나님과 그의 자녀인 사람 사이에 '피로써 맺어지는 사랑의 결속'(bond of love administered in blood)이다(렘 31:9, 33; 고후 6:16-18). 이 언약으로 인하여 하나님 아버지가 자녀 된 사람 안에, 자녀 된 사람이 아버지 하나님 안에 거하게 된다(요 14:11; 17:21; 고후 6:16). 다시 말해서, 하나님과 사람이 아버지와 자녀로서 사랑으로 신뢰하고 순종함으로 하나되는 것이 언약이다. 또한 하나님과 사람이 왕과 백성으로(렘 31:33), 남편과 아내로(호 2:16-20) 사랑을 나누며 하나됨이 언약이다. 그래서, 이 언약은 이해 관계로 맺어지는 계약(contract)과는 성격이 완전히 다르다. 부모와 자녀의 관계나, 왕과 백성의 관계나, 남편과 아내의 관계는 사랑으로 맺는 언약이고, 결코 계약이 아니다.

선과 악을 알게 하는 나무의 열매를 먹지 말라는 명령의 말씀을 통하여 여호와 하나님께서는 자기가 아버지이심을 선포하신 것이다. 그는 사람이 자기의 명령에 자녀로서 순종함으로써 언약 안에서 영생을 누리게 되기를 원하셨다. 창조주 하나님이 아버지로, 하나님의 형상으로 창조된 사람이 그의 자녀로 만나 사랑으로 신뢰와 순종을 통해 하나되어 교제하는 가운데 사람이 안식과 생명과 행복을 누리게 하고자 한 것이 바로 생명의 언약이다. 하나님은 선과 악을 알게 하는 과일 나무에 대한 금지 명령으로 사람과 생명의 언약을 맺으신 것이다.

요약하자면, 여호와 하나님께서는 안식일을 지킬 수 있게 에덴동산을 하나님의 성소로 세우시고 그곳에서 하나님을 예배하게 하시되, 선과 악을 알게 하는 나무의 과일을 먹지 말라는 금지 명령을 통해 사람과 생명의 언약을 맺으셨다. 이렇듯 창세기 2:1-17에는 안식일(1-3절), 에덴동산(4-14절), 예배(15절), 그리고 생명의 언약(16-17절)이 기술되어 있어서, 에덴동산이 영적으로 언약적으로 중요하다는 것을 알 수 있다.

2. 에덴동산에서 사람의 신분과 권세

창세기 1장에서는 하나님(히브리어, '엘로힘')이 사람을 하나님의 형상으로 창조하시어 땅과 만물을 하나님이 만드신 자연의 법칙을 따라 다스리게 하셨다. 창조 주요 절대 주권자이신 하나님께서 사람, 곧 남자와 여자에게 땅과 만물을 다스릴 수 있는 통치권을 위임하여 왕이요 청지기로 세우셨던 것이다. 이에 비하여, 창세기 2장에서는 언약의 아버지 하나님이신 '여호와'께서 에덴동산을 세우시던 때에 사람을 흙으로 창조하시고 그 코에 생명의 호흡을 불어넣어 생물로 만드셨다(창 2:7).

창세기 2:4에 보면, "여호와 하나님께서 땅과 하늘을 만드시던 날, 그것들이 창조되었을 때에 하늘과 땅의 내력(generation)이다."라고 되어 있다. '내력'이라고 번역된 이 단어는 히브리어로 '톨레도트'로, 본래는 '계보' 또는 '족보'를 의미한다(참고, 창 5:1). 이 단어는 '낳다' 또는 '생산하다'를 의미하는 동사 '얄라드'의 명사형이다.

이로 보건대, 여호와 하나님은 하늘과 땅의 힘을 합하여 채소와 생물들을 생산해 냈듯이(참고, 1:11, 24; '각기 종류대로 내라.'), 사람도 생산해 내셨다.

창세기 2:7에는 "여호와 하나님께서 땅의 흙으로 사람을 지으셨다."라고 기술되어 있다. '땅과 하늘'을 만드신 여호와 하나님께서 '땅의 흙'으로 사람을 지으셨다. 사람은 부드러운 흙으로 창조된 까닭으로 본래 체질적으로 연약하다(사 31:3). 그래서 사람은 항상 하나님을 의존해야 하는 의존적 존재이다(참고, 시 115:9-11, '이스라엘아, 여호와를 의지하여라. 그분은 너희 도움이시고 너희 방패이시다.'). 그런데, 사람은 흙으로 창조된 까닭에 몸의 기본 구성 요소가 흙이어서 흙을 가까이하고 살아야 한다. 흙이 사람에게 기운을 주는 것이다. 또한 흙으로 창조된 까닭에 사람은 흙에서 자란 채소와 각종의 열매를 먹고 살아야 한다(창 1:29; 시 104:14, '주께서 사람을 위하여 채소를 자라게 하시며 땅에서 양식이 나오게 하셨으니.').

창세기 2:7 하반절, "그 코에 생명의 호흡을 불어 넣으시니, 사람이 생물이 되었다." '호흡'을 가리키는 히브리어는 '니쉬마'이다. 이 '니쉬마'는 '영' 또는 '기운'을 뜻하기도 하며, '영'을 의미하는 '루아흐'와 교대적으로 사용된다. 예컨대, "내 호흡('니쉬마')이 내 안에 남아 있는 한, 하나님의 기운('루아흐')이 내 코에 남아있는 한."(욥 27:3). "하나님의 영('루아흐')이 나를 만드셨고, 전능하신 분의 입김('니쉬마')이 나를 살게 하십니다."(욥 33:4). "땅 위의 백성에게 호흡('니쉬마')을 주시며, 땅에 다니는 자들에게 영('루아흐')을 주시는 여호와 하나님께서 이같이 말씀하신다."(사 42:5). 신약성경에서는 호흡이 성령과 관련되어 있다(요 20:22, "그들에게 숨을 내쉬시며 말씀하시기를 '성령을 받아라'라고 하셨다." 롬8:2, "생명의 성령의 법이 죄와 사망의 법에서 너를 해방하였기 때문이다."). 이로 보건대, 생물(히브리어, '네페쉬 하야')인 사람은 '니쉬마'와 '루아흐'로 창조된 것이다. 생물을 가리키는 히브리어 '네페쉬 하야'의 경우 '네페쉬'는 혼이기 때문에, 종합적으로 생각해 보면, 흙으로 만들어진 육체를 가진 사람은 '니쉬마' '루아흐' '네페쉬'가 있는 생물로서, 영육통일체(a psycho-somatic unity)인 것이다. 즉, 영과 혼과 육이 구별은 있으나 분리되거나 혼합되지 않고 통합된(compound) 몸이다. 그래서 성경은 사람을 가리켜 '영'이라고도 하고(민 16:22; 히 12:9), '혼'이라고도 하며(시 103:1, 2), 육이라고도 부른다(욜 2:28; 행 2:17).

여호와 하나님의 생명의 영으로 창조된 생물('생명의

혼'을 가진 존재)인 사람은 영이신 하나님(요 4:24)과 성령과 진리로 교제할 수 있는 영적 존재이다(요 4:23-24). 흙으로 만들어졌기에 하나님의 도움을 힘입어 살아야 하는 의존적 존재이면서, 하나님과 교제하며 살아야 하는 영적 존재이다. 그래서 흙으로 만들어진 까닭에 의존적이고, 하나님의 영으로 만들어진 까닭에 영적인 사람은 피조된 인격체(a created person)인 것이다. 의존적이면서 영적으로 책임적 존재이다.

요약하자면, 흙으로 창조되고 영과 혼이 있는 피조된 인격체로서 의존적이면서도 책임적 존재인 사람은 하나님의 성소인 에덴의 동산에서 하나님의 언약 안에서 하나님의 자녀로서 하나님을 아버지로 신뢰하고 순종하여 사랑으로 예배하는 존재이다. 사람의 신분은 하나님의 자녀요, 권세는 하나님을 아버지로 예배하며 안식과 생명을 누리는 것이다.

3. 에덴동산에서 가정의 중요성

에덴동산과 관련하여 창세기 2장을 살펴보면, 안식일에 관한 것이 1-3절, 사람의 창조에 관한 것이 5-7절,

에덴동산에 관한 것이 8-14절, 생명의 언약에 관한 것이 16-17절이고, 가정에 관한 것이 18-25절이다. 이 다섯 가지 주제들을 분량으로 계산해 보면, 가정에 관한 것이 제일 많다. 히브리어 성경을 보더라도, 에덴동산에 관한 것이 9줄 정도인 데 비하여 가정에 관한 것은 13줄 정도나 된다. 이렇듯 가정에 관한 내용이 분량면에서 제일 많다는 것은 그것의 중요성을 입증하고 있는 것이다. 사실, 가정이 없으면 에덴동산도 행복의 동산일 리가 없고, 혼자서는 안식일에 예배하는 것도 의미가 없으며, 언약도 제대로 체험하거나 지킬 수가 없다. 창세기 1장의 창조 사역에서 하나님께서 사람을 하나님의 형상으로 창조한 것이 절정이라고 하면, 창세기 2장의 창조 사역에서는 여호와 하나님이 사랑의 생명의 언약 현장인 가정을 세우신 것이 절정인 것이다. 남자와 여자가 남편과 아내로 한 몸을 이루는 가정은 생명 언약의 체험 현장이자 행복의 안식처이고(룻 3:1), 슬기로운 아내는 여호와께서 주시는 최고의 선물이요 은총이다(잠 18:22; 19:14).

웨스트민스터 신앙고백 대요리문답은 하나님의 섭리와 관련하여 에덴동산에서의 가정의 중요성을 다음과 같이 진술했다. "사람이 창조함을 받은 본래의 상태에 있을 때 사람에 대한 하나님의 섭리는 그를 낙원에 두시어 그것을 다스리게 하시고, 땅의 과일을 자유롭게 먹게 하시며, 모든 피조물을 지배할 수 있게 하신 일입니다. 그리고 그를 돕도록 혼인을 제정하시고, 하나님 자신과 교통할 수 있게 하시며 안식일을 제정해 주셨습니다."(20문답). 이 문답을 보더라도, 가정을 중심으로 해서 하나님이 섭리하시어 사람이 하나님과 교제하는 가운데 생명과 행복을 누리게 하셨다. 그러기에, 에덴동산에서 가정의 중요성은 아무리 강조해도 지나치지가 않는 것이다.

남자(히브리어, '이쉬')와 여자(히브리어, '이솨')가 사랑으로 연합하여 한 몸이 되어(bond of love) 이룬 가정은 생명 언약의 체험 현장이요, 행복의 안식처이다.

4. 가정에서 남녀의 본래 역할

가정이 생명 언약의 체험 현장인 것은 남자와 여자, 곧 남편과 아내의 역할을 하나님께서 정해 주신 까닭이다. 하나님은 남자를 위하여 여자를 돕는 배필로 만드시되, 남자의 갈빗대로 만들어 여자가 남자의 '뼈 중의 뼈, 살 중의 살'이 되게 하시고, 남자가 여자에게 몸을 주어 한 몸을 이루게 하셨기에, 가정은 생명 언약의 현장이요, 행복의 안식처인 것이다.

창세기 2:18, "사람이 홀로 있는 것이 좋지 않으니."

"사람이 홀로 있는 것이 좋지 않다."는 이 말씀은 창세기 1:31, "하나님께서 그 지으신 모든 것을 보시니, 보시기에 매우 좋았다."는 말씀과 배치된다. 하나님께서 사람을 하나님의 형상으로 만드셨기에, 본래 사람은 하나님께서 보시기에 영광스럽고 존귀하여 매우 좋았다. 그러나 사람이 홀로 있을 때는 하나님이 보시기에 좋지 않았다. 여기서 말하는 '사람'은 '아담' 곧 '남자'이다.

'좋지 않다'는 히브리어로 '절대로 아니다'를 뜻하는 부정어 '로'와 '좋다, 선하다, 행복하다'를 뜻하는 '토브'이다. 그러므로, '좋지 않다'는 이 말은 남자가 홀로 있으면 절대로 행복하거나 삶이 만족하지 못하여 사람 노릇도 제대로 못 하고 사람답지도 않다는 것을 뜻한다. 전통적으로 우리 민족의 풍습에 의하면, 결혼하지 않은 남자나 여자는 나이를 많이 먹어도 큰 아이로 취급되었는데, 성경의 이 본문의 말씀과 일맥상통해 보인다. 사람(남자)이 홀로 사는 것은 결코 바람직하지 않다. 그래서 전도서는 말한다. "한 사람이 있는데, … 혼자 산다. …

이것도 역시 헛되며 불행한 일이다. 두 사람이 한 사람보다 나은 것은 … 한 사람이 넘어졌어도 일으켜 세워줄 다른 이가 없는 사람에게는 화가 미칠 것이다. 또한 둘이 함께 누우면 따뜻하겠으나 혼자라면 어떻게 따뜻해질 수 있을까? 혼자라면 패배하지만 두 사람은 적을 대항할 수 있다."(전 4:8-12).

"내가 그를 위하여 돕는 배필을 만들겠다."

'돕는'은 히브리어로 '에제르'이고, '에벤에셀'('도움의 돌'; 영어, 'stone of help') (삼상 7:12)에서 사용된 단어이기도 하다. 이 단어가 의미하는 바에 의하면, 하나님께서 우리에게 힘이 되시고(시 18:1) 도움이 되시는 것처럼(시 121:2), 하나님이 만드시는 여자가 남자의 일을 돕는 자인 것이다. 홀로 있으면 쓰러질 수밖에 없는 연약한 이스라엘을 붙잡아 일으켜 세워 주시고 악한 자의 손으로부터 구원을 베푸시는 에벤에셀 하나님의 절대적인 도움이 이스라엘에게 필요하듯이, 여자가 남자에게 절대적인 힘과 도움이 되도록 하나님이 여자를 창조하신 것이다. 우리 말, '여편네'라는 호칭은 '남편 옆에서 지켜주는 자'를 뜻하는 바, 성경이 여자를 돕는 자라고 한 것과 상통한다.

'만들다'는 히브리어 동사는 '바라'(창 1:1)나 '야차

르'(창 2:7)가 아니고 '야샤'(창 1:7)인데, 창세기 2:22에서는 '바나'가 사용되어 있다. 이 '바나'에서 '벤'('아들')과 '바트'('딸')가 파생된 것으로 보아, 여자가 없이는 아들이나 딸이 생산될 수가 없는 것이다. 그래서 바울은 말하기를, "주님 안에서는 남자 없이 여자가 있을 수 없고, 또한 여자 없이 남자가 있을 수 없습니다. 여자가 남자에게서 난 것같이 또한 남자도 여자로 말미암아 났으니, 모두가 하나님께로부터 났습니다."(고전 11:11-12). 자녀들이 가문을 세우는 바 여호와 하나님이 주신 유업(시 127:1, 3-5)이기에, 여자는 사실상 가문을 세우는 자이다. 우리 말 '아내'가 '안 주인'을 가리키는 호칭으로, 여자는 집을 일으켜 세우는 주인 노릇을 한다는 것이다. 현숙하고 유능한 여자는 남편을 잘되게 하고 가문을 번창케 한다(잠 31:12-31). 예컨대, 남편이 사업에 실패하여 어렵게 될 때, 대체로 아내가 위기를 수습하여 집을 다시 일으켜 세운다. 남자의 돕는 자인 여자는 남자의 보조자가 아니고, 남자에게 '에벤에셀'과 같이 절대적인 힘이다.

'배필'은 히브리어로 '케네그도'인데, 전치사 '케'와 명사 '네게드'가 합해진 단어이다. '네게드'의 동사 '나가드'는 '거울을 마주 대하는 것처럼 보이다'를 의미한다. 그러므로, '배필'은 남자와 여자가 서로 온전한 '짝'인 것이다. 남자와 여자, 곧 남편과 아내는 구별은 있으나, 남자는 여자의 모습 속에서 자신의 모습을 발견한다. 이 '배필'이 영어로는 'corresponding'으로 번역되어 있는 바, 남편과 아내는 그 모습이 서로 일치한다는 것을 뜻한다. 우리말의 경우, '당신'이라는 호칭이 상대방을 가리켜 '내 몸과 같다.' '내 삶의 전부이다.'라는 의미로 사용되었고, 또 '여보'라는 호칭은 '보배같이 소중한 사람'을 의미하는 바, 이 호칭들은 성경적으로 배필의 의미를 잘 표현하고 있어 보인다.

창 2:22, "여호와 하나님께서 아담에게서 뽑은 그 갈빗대로 여자를 만드시고." 여호와 하나님께서는 여자를 남자에게서 뽑은 갈빗대를 가지고 만드셨다. 갈빗대는 우리의 몸의 구조로 볼 때, 몸의 주요한 장기인 심장과 허파와 위를 보호하는 역할을 한다. 이로 보건대, 남자의 갈빗대로 만들어진 여자는 남자를 위기로부터 보호해 주는 보호자이다. 이는 마치 여호와 하나님이 이스라엘의 '산성이요 피난처요'(시 18:1) '보호자'(시 18:18)이시고 '구원의 방패'(시 18:35)가 되어 이스라엘이 실족하지 않게 하시는 것과도 같다(시 18:36). 여호와께서 이스라엘을 모든 악에서 항상 영원토록 지키시듯(시

121:7-8), 여자는 갈빗대처럼 남자를 위험과 악으로부터 보호하고 지키는 역할을 한다.

'만들다'는 단어가 18절에서는 히브리어 '아샤'가 쓰였으나, 여기서는 '바나'가 쓰인 점에 주목할 필요가 있다. 여자는 남자의 보호자일 뿐 아니라, 자녀를 생산하여 가문을 일으켜 세우는 역할도 하는 것이다.

23절, "이는 내 뼈 중의 뼈이고 살 중의 살이다." 아담의 이 말은 여자가 자기의 '골육지친'이라는 의미이다. '당신' 곧 '내 몸과 같은 존재'인 것이다. 여자는 '남'이 아니고, 남자의 '님'이다. "남자에게서 취하였으니 여자라 불릴 것이다."(23 하반절) '남자'는 히브리어로 '이쉬'이고, '여자'는 '이솨'인데 '남자에게서'(영어, 'from man') 나온 자를 가리킨다. 그러나, 유의할 것은 여자가 남자에게서 나온 까닭에, 남자보다 여자가 열등하다거나 남자에게 예속된 것이 결코 아니다. 요한복음 2장에 소개되어 있는 바, 예수님께서 물로 포도주를 만들어 주셨던 사건에서 보면, 처음 포도주보다 나중 포도주가 훨씬 더 나았다. 이로 보건대, 여자가 남자보다 나중에 나왔다고 해서 남자보다 열등하다고 보려는 것은 사실과 다르다. 그리고 삼위일체 하나님의 경우, 성자 예수님이 성부 하나님에게서 나오셨다고 해서 성자가 성부보다 본질에 있어서 결코 열등하지 않다는 사실도 이를 뒷받침 해준다. 다시 말해서, 여자가 남자에게서 나온 사실 때문에 남자보다 결코 열등하지 않고, 여자는 남자의 '당신'으로서 남자의 몸과 같고 남자의 보배로운 '여보'이다.

24절, "그러므로 남자가 부모를 떠나 그 아내와 연합하여 둘이 한 몸이 될 것이다."

"남자가 부모를 떠나." 결혼하면 아내 된 여자가 친정집을 떠나 남편의 집으로 가고, 서구 사회의 경우 여자의 성도 남편의 성으로 바뀌며, 남편의 가계(예, 주민등록부)에 여자의 이름이 등재된다. 그래서 여자의 모든 것이 남편에게 소속되는 것으로 보인다.

그런데, 신랑이신 예수님과 신부인 교회의 관계를 보면, 신부인 교회가 신랑인 예수님에게 속하여 예수님을 머리로 삼게 되는 것은 예수님께서 자기의 몸을 신부인 교회에 다 주었기 때문이다(엡 5:25). 그래서, 우리말의 경우, 남편이 아내를 '임자'라고 부른 것은 성경적으로 큰 의미가 있다. '임자'라는 호칭은 '주인'을 뜻한다. 예컨대, 어떤 물건의 소유주, 곧 주인을 찾을 때, "이것의 임자가 누구요?"라고 하는 바, 여자를 남편이 '임자'라고 부르는 것은 남자의 '주인'으로 여자를 여긴 까닭이다. 그래서 성경은 '남자가 부모를 떠나 여자에게로

간다'라고 한 것이다.

"둘이 한 몸이 될 것이다." 우리말 '부부 일체'라는 말대로, 아내와 남편은 남남이 아니고, 즉 둘이 아니고 한 몸, 곧 님이 되는 것이다. 그래서 우리의 족보에서 보면, 남편과 아내 사이에는 촌수가 없다. 무촌이다. 부모와 자녀 간이나 형제 간에도 촌수가 있으나, 부부 간에는 없다. 부부는 법적으로 한 몸이다. 그래서 우리말 호칭 중에는 남편과 아내 간에 '이녁'이라고 부르는 호칭이 있다. '이녁'이라는 이 호칭은 부부는 서로 떨어질 수 없는 한 몸으로 부부 사이에는 높고 낮은 것이 없이 서로 평등하다는 것을 의미했다. 그래서 남자는 여자를 가리켜 '마누라'라고 불렀는데, 이 호칭은 지위가 높은 왕후에 대한 것으로 아내를 지극히 높인 것이다. 그리고 여자는 남자를 가리켜 '영감'이라고 불렀는데, 이 호칭은 왕을 가리키는 상감과 정승을 가리키는 대감 다음가는 존칭이다. 요즈음도 법조계에서 높은 자리에 있는 사람을 가리켜 영감이라고 부르는 데서도 알 수 있다.

요약하자면, 창세기 2장에는 에덴동산에서 남자와 여자, 곧 남편과 아내의 본래 역할이 명확하게 잘 기술되어 있다. 에덴동산에서 흙으로 창조되고 코에 생명의 호흡을 불어넣어 창조된 사람은 피조된 인격체로서 의존적이면서 책임적인 영적 존재였다. 그래서 하나님의 자녀로서 언약 안에서 하나님을 신뢰하고 순종하는 가운데 예배하는 자였다. 이에 비하여, 가정에서 남자와 여자의 역할을 보면, 우선, 남자는 홀로 있으면 행복하지 않고 사람 노릇을 제대로 할 수 없다. 그래서 여호와 하나님이 남자를 위해 여자를 돕는 배필로 만들어 주셨다. 돕는 자로서 여자는 에벤에셀 하나님의 경우에서 알 수 있듯이, 남자에게 힘이 되고 지켜주는 자이다. 남자의 갈빗대로 만들어진 까닭에, 여자는 남자의 보호자인 것이다. 또한 자녀를 생산하여 가문을 일으켜 세우는 것이 여자이다.

여자가 남자에게서 나온 사실 때문에 열등하다기 보다는 본질적으로 남자와 여자는 동등하고 한 몸이 되어 가정을 이룬다. 우리말의 호칭들, '아내', '당신', '여보', '임자', '이녁', '마누라', '영감', '여편네' 등을 통해서도 알 수 있듯이, 여자는 안 주인이요, 남자의 몸이요 전부이며, 보물같이 소중한 존재요, 남자의 주인으로서 황후처럼 존귀하고, 남편 옆에서 지켜준다. 그리고 여자는 남자를 지체가 높은 권세 있는 자로 알고 존경한다. 하나님의 형상으로 창조된 남자와 여자는 동등한 행위의 주체로서 서로 존중하며 한 몸으로 하나님을 예배하고 가문을 세운다.

Ⅲ
죄 아래 있는
남녀의 왜곡된
역할

여자가 뱀에게 말하되 동산 나무의 열매를 우리가 먹을 수 있으나
동산 중앙에 있는 나무의 열매는 하나님의 말씀에 너희는 먹지도 말고
만지지도 말라 너희가 죽을까 하노라 하셨느니라(창3:2-3)

Ⅲ. 죄 아래 있는
남녀의 왜곡된
역할

여자, 곧 아내에 대한 우리말 호칭들의 본래 의미에 따르면, 여자는 남자의 힘이요, 보호자요, 주인이요, 보물처럼 존귀하고, 남자의 전부인데, 이 호칭들이 지금에 와서는 많이 왜곡되고 변질되어 있다. '여보'나 '당신'은 별다른 의미가 없는 호칭으로 사용되고 있고, '마누라'와 '여편네'는 아내를 얕잡아 보는 모욕적인 호칭으로 여겨져 사용을 아예 꺼려한다. '임자'나 '이녁'이라는 호칭의 경우는 젊은 세대들은 전혀 모른다. 이렇듯, 죄 아래 있는 사람들은 남녀의 본래 역할을 왜곡하고 변질시켜 놓았다.

1. 타락하여 범죄한 사람의 상태

사람으로 하여금 죄를 범하여 타락하게 한 죄의 조성자는 사탄 마귀였다. 죄를 범한 행위의 주체는 사람, 곧 하나님의 형상으로 창조된 남자와 여자였다. 그래서 죄를 범한 사람에게는 죄로 인하여 하나님의 형상이 상실되고, 하나님이 맺어주신 언약이 파기되며, 에덴동산에서 추방될 뿐 아니라 가정도 행복의 안식처의 기능을 다하지 못하게 된다.

1) 죄의 조성자 사탄 마귀

하나님이 지으신 피조물 가운데 가장 간교한 뱀이 사탄 마귀의 도구로서 사실상 사탄 마귀였다(계 12:9; 20:2). 이 사탄 마귀는 자기의 처음 지위를 지키지 않고 자기 처소를 떠난 자로서(유 1:6) 온 세상을 미혹하였다(계 12:9). 그것은 처음부터 곧 본질적으로 본래부터 거짓말쟁이요 살인자였고(요 8:44), 악령들의 우두머리요(마 12:24-28) 공중의 권세 잡은 자였다(엡 2:2; 요 12:31). 그러기에 이 마귀가 죄의 실체요(롬 7:8) 본래부터 죄의 조성자였다(요일 3:8).

미혹하는 자인 사탄 마귀는 인류의 첫 사람, 아담

과 하와(창 3:1)뿐 아니라, 둘째 아담, 예수 그리스도를 시험하였고(마 4:3), 다윗을 부추겨 범죄하게 하였다(대상 21:1). 사실상, 마귀는 모든 사람 안에 거하고 있는 죄(indwelling sin in all men)(시 51:5; 전 9:3; 막 7:20-23; 롬 7:20)이다. 베드로의 경우도 사탄이 밀처럼 체질하려고 미혹하였고(눅 22:31), 가룟 유다의 마음 속에 예수님을 팔아 넘겨줄 생각을 넣어 주기도 했다(요 13:2, 37).

사탄 마귀는 하나님의 계명을 이용하여 기회를 틈타 사람을 속이고 미혹하여 범죄하게 만든다(롬 7:11).

2) 죄의 시작: 원죄(창 3:2-6)

안식과 생명과 행복을 사람으로 하여금 누리게 하려고 언약의 하나님이신 여호와께서 하나님의 성소인 에덴동산에서 사람과 생명의 언약을 맺으셨다. 그리고 행복의 안식처요 언약의 체험 현장으로 가정을 세워 주셨다. 그런데, 이 언약을 사람으로 하여금 파기하게 하여 하나님과 사람 사이를 떼어 놓고 또 하나님을 대적하려고 사탄이 간교한 뱀으로 나타났다.

사탄은 간교한 까닭에 하나님의 언약의 말씀, 곧 '선과 악을 알게 하는 나무의 열매를 따 먹지 말라'는 명령을 직접 듣지 않은 여자에게 접근하였다. 이는 여자가 그 명령의 말씀에 대하여 책임감이 약할 수 있고, 또 남편에게서 전해 들은 까닭에 자기 생각을 보태어 대답할 가능성이 있었기 때문이다.

여호와 하나님께서는 생명의 언약을 맺으시던 때에 남자, 곧 아담에게 이렇게 말씀하셨다.

"그 동산의 나무에서 나는 모든 것을 자유롭게 네가 먹을 수 있으나, 선과 악을 알게 하는 나무의 열매는 먹지 마라. 네가 거기서 나는 것을 먹는 날에는 반드시 죽을 것이다."(창 2:16-17)

이 명령의 말씀을 두고서 뱀 곧 사탄 마귀가 여자에게 말할 때에는 간교하게 조금만 바꾼 듯하면서도 정반대로 바꾸어서 이렇게 질문하였다.

"하나님께서 참으로 너희에게 동산 나무에서 나는 모든 것을 먹지 말라고 말씀하셨느냐?"(창 3:1)

사탄이 말한 이 질문에는 몇 가지로 간교함이 숨어 있다.

첫째, 창세기 2:15에서 언약의 주체이신 하나님의 호칭이 '여호와 하나님'인데 반하여(참조, 3:1 상반절에도 '여호와 하나님'이다.) 뱀이 사용한 호칭에는 '여호와'가 생략되고 없다. 여자로 하여금 언약의 하나님 여호와를 의식하지 않아도 되게 했던 것이다.

둘째, 창세기 2:16-17에서는 2인칭 단수 대명사인 '너'가 사용되었으나, 3:1에서는 사탄 마귀가 2인칭 복수 대명사인 '너희'라고 하였다. 이로써 여자가 대화의 상대가 될 자격이 있다는 생각을 여자에게 갖게 해 주었다. 여자는 사실상 언약의 명령의 말씀을 직접 하나님께 듣지 않았기 때문에, 그 명령을 두고서 사탄과 대화할 위치에 있지 않았던 것이다.

셋째, 언약의 하나님을 가리키는 호칭인 '여호와'를 고의적으로 생략했던 사탄 마귀는 여자에게 질문을 던질 때 선과 악을 알게 하는 나무의 열매에 대한 금지 명령, 곧 언약의 핵심되는 말씀은 아예 언급하지 않고서, '동산 나무에서 나는 모든 것을 자유롭게 먹어도 좋다'는 말씀만을 언급하면서, 히브리어 부정어인 '로'를 살짝 끼워 넣었다. '로'라고 하는 아주 짤막한 부정어를 끼워 넣었기 때문에, 여자는 이것을 주의하지 못했다. 대신, 사탄 마귀가 아예 언급하지도 않은 선과 악을 알게 하는 나무의 과일에 대하여 여자는 자기가 아주 잘 알고 있다는 듯이 추가하여 대답했다.

여자는 여호와 하나님의 금지 명령의 말씀을 근본적으로 왜곡하고 또 보태어 대답했다. 여호와께서는 '반드시 죽을 것이다'라고 하셨으나, 여자는 '죽지 않도록'

이라고 왜곡시켰고, '먹지도 말고 만지지도 마라'고 말을 보태었다. 이렇듯, 사탄은 여자가 스스로 알아서 하나님의 명령의 말씀을 왜곡하고 과감하게 보태어 말하도록 유도했던 것이다. 이로써 사탄은 여자의 마음 속에 여호와 하나님께 대한 불만이 싹트게 하고, 하나님의 말씀뿐 아니라 하나님을 멸시하게 만들었다.

넷째, 사탄 마귀는 기다렸다는 듯이 여자를 더 적극적으로 거짓말로 충동질하여 하나님과 동등권을 주장하게끔 미혹했다.

"너희는 결코 죽지 않을 것이다."(창 3:4)라고 거짓말을 했고, "너희가 하나님과 같이 되어"(창 3:5)라고 충동질하였던 것이다. 이로써, 여자가 교만해져 자신의 독자적 세계를 구축하고, 여호와 하나님의 창조주 되심과 아버지 되심을 거부하고 자기를 내세우게 되었다.

결과적으로, 여자는 사탄 마귀의 간교한 미혹의 덫에 걸려 하나님의 말씀의 권위뿐 아니라 생명의 언약의 아버지 하나님의 권위마저 멸시하게 되어, 선과 악을 알게 하는 나무의 열매를 따 먹음으로 하나님께 불순종하여 죄를 범하고 타락하게 되었다. 자기 남편에게도 주어 남편도 먹음으로 함께 범죄하였다. 그런데 여호와 하나님께서 남자에게 그 명령의 말씀을 주셨던 까닭에,

남자의 불순종이 원죄가 된 것이다(참조, 롬 5:18, 19). 이렇게 해서, 죄가 한 사람이 하나님의 말씀의 권위와 여호와 하나님의 아버지로서의 권위를 멸시하고 불순종함으로써 시작되었다(창 3:6).

3) 죄의 변질: 불경건과 불의(창 4-11장)

아담과 하와의 범죄(원죄)는 그들만의 문제로 끝나지 않고, 후손들에게 그 죄가 유전되어 번졌다. 죄책(guilt)은 직접 전가되고 오염(corruption)은 간접적으로 유전되었다(웨스트민스터 신앙고백 6장, 3, 4항). 죄의 저주와 형벌은 후손들에게 직접적으로 전달되고, 죄의 부패한 성질은 혈통을 통해서 간접적으로 후손들에게 유전되었다.

창세기 4장에서는 가인과 아벨에게서, 창세기 5장에서는 에녹 시대의 사람들에게서, 창세기 6장에서는 노아 시대의 사람들에게서, 그리고 창세기 10장과 11장에서는 함의 후손들 가운데 네피림과 같은 니므롯에게서 죄가 점점 더 악해진 것을 찾아볼 수 있다.

우선 먼저 가인의 경우를 보면 그는 불경건의 죄를 범했다. 하와가 가인을 낳고서는 "내가 여호와의 도움으로 남자 아이를 얻었다."(창 4:1)라고 하였으나, 아벨을 낳고서는 '공허' 또는 '허무'라는 뜻의 이름을 지어 준 것을 보면, 하와는 가인을 편애하였다. 그런 까닭에, 어머니의 총애를 한 몸에 받고 또 기대한 바도 컸으나, 오히려 그는 교만해지고 자기밖에 모르는 자가 되었다. 그래서 그는 하나님께 감사함으로 드려야 하는 예물을 성의 없이 드렸던 것이다. 그의 중심에 감사도 없고 믿음도 없고 하나님을 향한 사랑도 없었던 까닭에, 하나님은 그의 예물을 받아 주지 않으셨다. 그의 예물을 받지 않으셨을 뿐 아니라, 하나님은 가인 자신을 받지 않고 물리치셨다. 그래서 창세기 4:5에, "가인과 그의 예물은 받지" 않으셨다고 기술되어 있는 것이다.

'예물'을 가리키는 히브리어 '미느하'는 '감사를 표하는 선물' 곧 '예물'(참고, 창 32:13; 히 11:4 하반절)이고, 피의 제물을 가리킬 때는 히브리어 '제바흐'가 쓰인다(참고, 출 3:18; 5:17; 8:8). 이로 보건대, 가인은 감사도, 사랑도 없이 예물을 드렸기에, 불경건의 죄를 범한 것이다. 하나님께서 그의 예물을 받아 주지 않으시자, 가인이 하나님께 대하여 화를 내고 얼굴을 찌푸린 것으로 보아서도 그는 하나님의 인애하심을 알지 못하는 불경건한 자였다.

가인은 하나님께 대하여 적개심을 갖게 되자, 곧바로 동생 아벨을 대적하여 살해하는 불의의 죄를 범했다(창 4:8). 불의 가운데 가장 악하고 무거운 죄가 형제 살인이다(롬 1:29). 가인은 악한 자인 사탄 마귀에게 붙잡혀 마귀의 종이 되어 심히 불경건하였기에 자기 동생을 살해한 것이다(요일 3:12). 그리고 가인은 하나님 앞에서 떠나버렸다(창 4:16). 자기 아들의 이름으로 성읍을 쌓으며 하나님 없이 살았다(창 4:17).

가인이 하나님을 떠나서 하나님 없이 살았던 까닭에, 그의 후손 가운데 라멕은 일부다처의 가정을 꾸렸고(창 4:19) 조금만 해를 입어도 상대방에게 77배로 복수했다(창 4:24). 라멕은 성적으로 부패했을 뿐 아니라, 잔인하고 무자비했다.

아담의 7대 후손 에녹의 시대에는 사람들이 불경건하고 불의하여 원망하고 불평하고 이익을 위하여 아첨하고 사나운 말을 하며 자기의 정욕을 따라 행하였다(유 1:15-16). 그런 와중에도 에녹은 하나님의 은혜 가운데서 하나님과 믿음으로 동행하였다(창 5:24; 히 11:5).

노아 시대에 이르러서는 에녹의 시대보다 사람들이 더 악해졌다. 힘센 폭력배 같은 네피림들이 활개를 쳤다(창 6:4). 그들이 마음에 생각하는 모든 계획이 항상 악하였고, 부패하여 땅에 폭력이 가득했다(창 6:11, 13). 노아 시대에 있었던 홍수 심판 이후로 노아의 아들들인 셈과 함과 야벳의 후손들이 크게 번성하였는데, 그 중에 함의 후손 가운데 구스가 낳은 니므롯이 힘센 용 사요 사냥꾼이었다. 즉, 니므롯은 최초로 왕국을 건설 한 전제 군주로서 시날 땅의 바벨에 높은 탑을 쌓아 자 기의 권력을 우상화시켰다(창 10:8-12; 11:1-5).

이렇듯, 아담이 처음 원죄를 범한 이후로 그의 죄책 과 오염이 후손들에게 전가됨으로써 사람들 간에 죄가 무섭게 번지고 더욱 악해졌다. 가인은 하나님께 감사 없는 예물을 드렸는가 하면 하나님께 적개심을 품음으 로 인하여 사탄 마귀에게 속하여 자기 동생을 무자비 하게 살해하였다. 그는 불경건하고 불의하였다. 에녹의 시대에는 사람들이 정욕적이고 불만과 원망이 많고 사 람들의 말이 사나웠다. 노아 시대에는 네피림이 활개를 쳐 땅에 폭력이 충만했다. 그리고 니므롯이 전제 군주 가 되어 시날 땅 바벨에 큰 탑을 쌓아 권력을 우상화함 으로 사람들이 하나님과의 동등권을 주장하기에 이르 렀던 것이다.

4) 타락하여 범죄한 사람의 상태

하나님께서 하나님의 형상으로 사람을 창조하였는 데, 사람이 죄를 범하여 하나님을 떠나 하나님 없이 살다 보니 우선 먼저, 죄로 말미암아 하나님의 형상을 상실하게 되었다. 사람이 하나님과 관계가 끊어지고 멀어지게 되어(사 59:2) 사람의 영과 육의 모든 기관들과 기능들이 전적으로 더럽혀지고 부패하게 되었으며(참고, 웨스트민스터 신앙고백 6장 2항) 선을 행할 마음도 능력도 없게 되고, 전적으로 악을 행하는 성향만이 있게 되었다(참고, 웨스트민스터 신앙고백 6장 4항). 그래서 가인이나 노아 시대 사람들처럼 악하여져 형제에게 폭력을 휘둘러 살해하고 땅에 폭력이 충만해졌던 것이다.

또한, 하나님이 사람과 생명의 언약을 맺음으로, 여호와 하나님이 아버지가 되시고, 사람은 그의 자녀가 되었으나 죄로 말미암아 언약이 파기되었다. 하나님과의 언약이 파기됨으로써 사람은 하나님의 자녀의 신분을 잃게 되고, 하나님을 사랑하고 신뢰하며 순종하는 대신에, 불평과 불만으로 가득 차고, 생각하는 모든 것이 항상 악했다.

그런가 하면, 죄는 가정을 파괴했다. 라멕처럼 한 남자가 여러 아내를 거느리게 되고, 힘센 자들이 아름다운 여자들을 마음대로 취하여 아내로 삼았다(창 6:1-2). 행복의 안식처요 언약의 체험 현장인 가정이 무너짐으로 사람들이 안식과 행복을 상실하게 되었다.

2. 죄 아래 있는 남녀의 왜곡된 역할

죄가 에덴동산과 가정에 들어옴으로 인하여 아담과 하와가 하나님의 형상을 상실하고 언약도 파기되었을 뿐 아니라 땅도 황폐됨으로써, 죄 아래 있는 남자와 여자의 역할도 왜곡되고 심각한 문제가 생겨났다.

우선, 하나님의 형상을 상실함으로 인하여 왕으로서의 역할이 왜곡되었다. 시간과 공간과 땅과 생물들을 선한 청지기로서 잘 관리해야 하는데, 죄가 들어옴으로써 땅이 저주를 받아 황폐해짐으로써 사람이 가시덤불과 엉겅퀴와 싸우며 평생동안 땀을 흘리며 수고해야 하게 되었다. 이로써, 사람이 땅과 식물에 대하여 거칠고 악하게 대하게 된 것이다. 왕의 품위도, 선한 청지기의 위상도 잃어버렸다.

둘째, 하나님과의 언약이 파기됨으로써, 하나님을 아버지로 사랑하고 신뢰하고 순종하는 대신에, 하나님과의 동등권을 주장할 만큼 교만해졌다. 사랑스러운 자녀의 신분과 역할을 잃었다. 죄 아래 있게 됨으로써 마귀에 속하여 마귀의 종노릇하게 된 것이다(참고, 요일 3:12, "가인과 같이 되지 마라. 그는 악한 자에게 속하여 자기 동생을 죽였다.")

셋째, 죄를 범함으로 인해 여자에게 저주가 임했다. 임신하는 고통뿐 아니라, 자식을 출산할 때 큰 고통을 겪게 되었다. 그뿐이 아니다. 남편과의 사이에 큰 문제가 생겨났다. "네 욕망은 남편을 향하여 있으나 그는 너를 다스릴 것이다."(창 3:16 하반절). '욕망'이라는 단어가 히브리어로 '테쉬카'인데, 이 단어는 창세기 4:7과 아가서 7:10 등 세 곳에서만 사용되어 있다. 이 단어의 뜻을 제대로 알려면, 먼저 창세기 4:7의 본문을 살펴보는 것이 좋다. 창세기 4:7, "죄의 욕망은 너를 향하여 있으나 너는 그것을 다스려야 한다." 이 구절은 창세기 3:16과 비교해 보면 주어와 목적어만 다를 뿐, 문장의 구조가 일치한다. 창세기 4:7의 경우를 보면, 죄 곧 사탄 마귀가 가인을 자기의 종으로 삼고자 하는 욕망을 가지고 있다. 이는 마치 사도 베드로가 말한 대로, "대적 마귀가 우는 사자같이 두루 다니며 삼킬 자를 찾고"(벧전 5:8) 있는 것과도 같다. 바울은 창세기 3:16 하반절을 염두에 두고, "여자가 남자를 주관하는 것을 허락하지 않는다."(딤전 2:12)라고 해석했다.

아가서 7:10, "나는 내 사랑하는 이의 것이니, 그가 나를 사모하는구나." 이 구절에서는 '사모하다'라고 히브리어 '테쉬카'가 번역되어 있다. 그래서 우리말 개역성경은 창세기 3:16에서 '테쉬카'를 '사모하다'로 번역했었고, 개역개정판은 '원하다'로 번역했다. 아가서 7:10에서 '테쉬카'는 신랑이 신부를 사모하는 경우인데, 7:1에는 두 넓적다리의 곡선미, 2절에는 배꼽과 허리, 3절에는 젖가슴, 4절에는 목과 눈과 코, 5절에는 머리카락, 7-8절에는 또다시 젖가슴, 그리고 9절에는 입술이 각각 아름답게 언급되어 있는 것으로 미루어 볼 때, 성적 욕망(sexual desire)을 의미한다. 신랑이 신부를 사모하되 성적 관계를 갖고 싶어 하는 것을 가리켜 '테쉬카'가 사용된 것이다.

그러므로, 창세기 4:7과 아가서 7:10에 비추어 창세기 3:16에 사용되어 있는 '테쉬카'를 살펴보면, 여자가 남자를 향하여 어떻게 해서든지 지배하고 주관하여 자기 손안에 쥐려 한다는 뜻이 담겨 있다. 여자가 남자를 존경하고 귀하게 대하는 대신 권위에 있어서뿐 아니라 성적으로 남자를 지배하려 하게 된 것이다. 그래서 우리말 표준새번역 성경에는 '지배하다'로 번역되어 있다.

"그는 너를 다스릴 것이다."의 경우, '다스리다'는 히브리어로 '마샬'이다. 이 '마샬'은 창세기 1:26, 28에 사용되어 있는 '라다'와 같이 선한 청지기로서 '다스리다'는 뜻이 있다. 그러나 본문에서는 창세기 4:7에 비추어 해석될 필요가 있다. 창세기 4:7에서 사용된 '마샬'의 경우는 가인이 죄를 다스려야 하는 것을 가리킨다. 가인은 죄를 대할 때 대적으로 알고 파멸시켜야 하는 것이다. 그러므로, 가인의 경우에 비추어 볼 때, 창세기 3:16에서 남자가 여자를 다스린다는 것은 성도가 마귀를 대적하여 제압하듯이(참고, 벧전 5:8), 폭군처럼 악하게 다스리는 것을 의미한다. 이사야서 14:5; 28:14; 52:5 등에서는 '마샬'이 악하게 다스리는 것을 가리켜 사용되었다. 이같은 용법을 고려해 볼 때, 창세기 3:16의 경우, 여자가 남자를 지배하려고 하자, 남자는 여자를 선하게 대하는 대신 거칠고 악하게 폭력적으로 다스리게 된다는 것이다. 이렇듯, 죄가 가정에 들어옴으로 인하여 행복한 부부관계가 왜곡되고 뒤틀려 여자는 남자를 지배하려 하고, 남자는 여자를 폭력적으로 대하게 된다.

넷째, 가인의 후손인 라멕의 경우를 보면, 남자가 여러 여자들을 아내로 취하였다(창 4:19). 그리고 그는 아내들을 향하여 자기의 폭력적인 성격을 자랑하였다(창 4:23-24). 이로 보건대, 남자는 여자를 자기의 소유물로 간주하고 있고, 여자는 남자 앞에서 그의 폭력성을 지켜보기만 할 뿐이었다.

다섯째, 노아 시대를 보면 하나님의 아들들이 사람

의 딸들을 자기 마음대로 선택하여 모든 여자들을 아내들로 삼았다(창 6:1-2). 이 본문에서 언급된 '하나님의 아들들'이란, '하나님'(히브리어, '엘로힘')을 '힘센 자'(참조, 시 82:1, 6)를 가리키고 있는 것으로 보면, '권력이 있고 힘이 있는 자들'로서 당시에 그 땅에 있었던 네피림들이다. '사람의 딸들'이란, '사람'이 히브리어로 '아담'인데 '보통의 사람'으로서 '힘이 없고 연약한 자'를 가리키는 바, '힘없는 자들'을 뜻한다.

그러므로, 하나님의 아들들이 사람의 딸들을 자기 마음대로 선택하여 아내들로 삼았다는 것은 권력과 힘이 있는 네피림과 같은 자들이 힘없는 여자들을 자기의 성적 노리개로 삼았던 것이다. 가문을 일으켜 세우는 아내가 아니라, 여자가 남자의 힘에 눌려 성적 노리개 역할을 하게 되었던 것이다. 여자가 보화같이 존귀한 '여보'나, '내 몸 같은 자' 곧 '당신' 같이 남자와 동등하고 품위 있는 '마누라'의 역할을 상실하고, 남자의 힘에 눌려 살게 된 것이다.

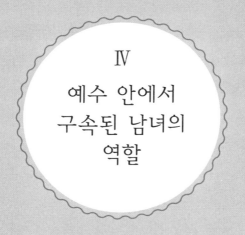

IV

예수 안에서
구속된 남녀의
역할

내가 너로 여자와 원수가 되게 하고 네 후손도 여자의 후손과 원수가
되게 하리니 여자의 후손은 네 머리를 상하게 할 것이요
너는 그의 발꿈치를 상하게 할 것이니라 하시고(창3:15)

IV. 예수 안에서
구속된 남녀의
역할

세상에 죄가 들어와 사람이 타락하고 죄 아래 사로잡히게 됨으로써, 본래부터 거짓말쟁이요 살인자인 사탄 마귀의 악한 영향력으로 인하여 남자와 여자의 본래 역할이 크게 왜곡되고 훼손되었다. 남자는 여자에 대하여 폭군으로 변하고, 여자는 남자의 소유물이요 성적 노리개가 되었다. 여자가 남자의 '임자' 또는 '이녁'으로서의 위치와 품위를 상실하고, '여보'나 '당신', 또는 '여편네'나 '마누라'의 본래의 역할을 하지 못하게 되었다.

그러나 여호와 하나님은 그의 아들 구속주 예수 그리스도 안에서 남자와 여자를 구속하여 자유를 누리게 하여 남자와 여자의 역할을 본래의 것보다 더 귀하게 회복시켜 주었다. 창세기를 비롯하여 구약 성경과 예수의 어머니 마리아를 비롯하여 신약성경에 나오는 대표적인 여자들을 통하여 여자의 회복된 역할을 확인할 수 있다.

1. 창세기 3:15에서 여자의 역할

하나님의 명령의 말씀에 불순종하여 하나님의 언약을 파기하고 죄를 먼저 범한 것은 여자였다(창 3:6; 참조, 창 3:12). 그래서 하나님은 여자와 남자를 미혹하여 범죄한 사탄 마귀를 저주하는 가운데서 놀랍게도 여자에게서 난 후손을 통해서 사탄 마귀를 파멸시킬 것을 말씀하셨다. "내가 너로 여자와 원수가 되게 하고 네 후손도 여자의 후손과 원수가 되게 할 것이니, 여자의 후손은 네 머리를 상하게 할 것이고 너는 그의 발꿈치를 상하게 할 것이다."(창 3:15).

바울의 해석에 의하면, "때가 찼을 때에 ⋯ 여자에게서 나게"(갈 4:4) 하나님께서 보내신 자기 아들이 바로 예수 그리스도이시다. 이사야 선지자의 예언대로 동정녀에게서 난 아기, 곧 임마누엘이신(사 7:14) 그분이 때가 차매 동정녀 마리아에게서 태어났다(마 1:23-25).

마태복음 1:1-18에 소개되어 있는 다윗의 자손 예수 그리스도의 족보에서 보면, 다말과 라합과 룻 그리고 우리야의 아내(밧세바) 및 동정녀 마리아가 있다. 이 여자들 가운데 마리아를 제외하고 나머지 네 명은 이방인 여자들이요, 신분이 천하였다. 다말은 시아버지 유다와 관계한 여자였고, 라합은 기생의 신분이었으며, 룻은 남편과 사별한 과부였으며, 우리야의 아내 밧세바는 다윗과 간음한 부끄러운 여자였다. 그러나 이 여자들은 이방인들이요, 부끄럽고 천한 신분의 여자들이었으나, 여호와 하나님을 경외하고 신뢰한 여자였다. 룻기 4:18-22에 보면, 다말이 유다에게서 낳은 베레스의 족보를 소개하면서 살몬이 라합에게서 보아스를, 보아스가 다말에게서 다윗의 할아버지 오벳을 낳고, 오벳의 대를 이어 이새가, 그리고 이새의 대를 이어 다윗이 태어난 것을 밝혀 놓았다.

이 여자의 후손이 사탄 마귀의 머리를 깨뜨려 파멸시키고, 사탄 마귀는 여자의 후손의 발꿈치를 상하게 한다. 이 약속의 말씀은 예수님의 십자가 사건에서 성취되었다. 여자의 후손이신 예수 그리스도가 십자가에 못 박힘으로 발이 상하였으나, 그가 못 박힌 그 십자가로 오히려 사탄 마귀를 무장해제하여 힘을 쓸 수 없게 만들므로 승리하셨다(골 2:15).

이 '여자의 후손'을 가리키는 히브리어 '제라'가 집합명사인 까닭에, 이 후손은 단수로도 볼 수 있고, 복수로도 볼 수 있다. 단수로 보면 이 여자의 후손은 예수 그리스도이시다(갈 3:16, "오직 한 사람을 가리켜 '그리고 네 자손에게'라고 하셨으니, 이분이 곧 그리스도이십니다.") 창세기 12:7에서 하나님은 아브라함에게 "내가 이 땅을 네 후손에게 주겠다."라 하셨는 바, '네 후손'은 단수이고, 바울이 갈라디아서 3:16에서 해석한 대로 여자의 후손인 예수 그리스도를 가리킨다. 그러나 창세기 15:5에서 "네 후손이 이와 같이 될 것이다."라고 하나님이 아브라함에게 말씀하시던 때는 하늘의 별들만큼 많은 수의 후손들을 가리켰다. 이로 보건대, 아브라함의 후손 된 자들은 아브라함 안에서 믿음으로 그와 함께 하나님의 신분을 얻는 복을 받을 자들이다(참고, 갈 3:8). '아브라함의 씨 안에서'(창 22:18), 즉 아브라함의 씨인 여자의 후손 예수 그리스도 안에서 복을 받을 자들도 또한 여자의 후손이다. 그래서 하나님의 아들이시되 여자의 후손이신 예수님이 십자가에 못 박히심으로 사탄 마귀를 제압하고 파멸시켰듯이, 하나님의 아들들이요 여자의 후손들인 그리스도인들도 자기 십자가를 지고(마 16:24) 육체를 십자가에 못 박음으로(갈 5:24) 예수 그리스도를 힘입어 사탄 마귀를 제압하고 파멸시키는 권세를 가지고 있는 것이다(눅 9:1; 롬 16:20).

이로 보건대, 자기의 후손을 통해서 사탄 마귀를 파멸시켜 생명과 구원을 성취하는 데 결정적 역할을 여자가 맡게 되었다. 그래서 마태는 예수 그리스도의 족보, 곧 이스라엘의 대표적 왕인 다윗의 후손의 족보에 남자들과 함께 여자들의 이름을 올려놓음으로써, '하와'라는 이름이 가리키는 대로 '모든 산 자의 어머니'(창 3:20)로 높였다. 베드로가 말한 대로 여자는 '생명의 은혜를 함께 상속받을 자'(벧전 3:7)이고, 바울에 의하면, 여자가 해산하여 후손을 낳음으로 구원을 얻는다(딤전 2:15). 즉, 하나님의 믿음의 가문을 여자가 자녀 생산을 통하여 일으켜 세우는 것이다.

아담이 자기 아내의 이름을 '하와'라고 불렀는데, 이 이름은 '산 자'(히브리어, '하이')와 발음이 비슷하고, 이렇게 이름을 지어 부른 것이 '모든 산 자의 어머니'(히브리어, '에임 콜-하이')였기 때문이다. 아담은 하나님께서 여자의 후손을 통해서 사탄 마귀를 파멸시킬 것이라는 복음의 말씀을 듣고서 믿음으로 자기 아내를 '하와'라고 불렀던 것이다. 그는 하와에게서 생명과 구원의 가문을 일으켜 세울 어머니의 역할을 기대하게 되었다.

2. 창세기에서 믿음의 조상들의 남녀 간 역할

창세기 4:25-26에 보면, 아담이 자기 아내와 다시 동침하자 아내가 아들을 낳았다. 하나님이 가인에게 죽임을 당한 아벨 대신 셋을 주셨던 것이다. 셋이 낳은 아들 에노스 때부터는 사람들이 여호와의 이름을 부르며 예배하기 시작했다. 이 말씀에 의하면, '아담이 자기 아내와 다시 동침하니,' 하나님께서 말씀하신 대로 여자가 아내로서 아이를 낳게 된 것이다. 남편과 동등한 위치에서 아내로서 자녀를 생산할 수 있게 되었다. 여자가 아내로서 자녀를 생산함으로써 가문을 일으켜 세우고, 이로써 그 자녀들이 여호와의 이름을 부르며 예배할 수 있었다. 아내의 태의 열매인 자식들은 여호와께서 가문을 일으켜 세우도록 주신 유업이요 상급이요 복이다(시 127:-5). 이렇듯, 하와는 셋을 낳음으로써 가문을 일으켜 세우는 아내로서, 또한 어머니로서의 역할을 해냈던 것이다.

창세기 6:1-4에 보면, 노아 시대에 그 땅에 네피림들이 있었는데, 그들은 자기들의 힘과 권력을 사용하여 자기네들 마음대로 어느 여자든 수와 관계없이 아내들로 삼았다. 폭력적인 이 네피림들에게 여자는 아내라기보다는 성적 정욕을 채우고자 얻은 노리개였다. 이에 반하여, 노아는 당대에 의롭고 흠이 없으며 하나님의 은혜를 입고서 하나님과 동행하였다(창 6:9). 그는 셈과 함과 야벳 등 세 아들을 한 아내에게서 낳고, 그 세 아들들에게 세 며느리들을 얻게 해주었다. 노아는 자기뿐 아니라, 자기의 세 아들들도 한 여자만을 아내로 맞이했던 것이다. 그래서 홍수가 났을 때 노아는 한 아내와 세 아들들과 세 며느리들과 함께 방주에 들어갔었다(창 7:12-13). 남편과 아내가 1:1로 동등하게 부부가 되어 가정을 이루었던 것이다. 이렇게 노아는 하나님과 동행했다(창 6:9).

창세기 11:29-30에 보면, 아브라함의 아내가 사라였는데 임신을 하지 못하여 자식이 없었다. 여자로서 가문을 일으켜 세울 수가 없었다. 그래서 사라는 자기 남편 아브라함에게 이집트 출신 여종 하갈을 아내로 주어 자녀를 생산하고자 했다. 하갈이 임신하자 자기 여주인 사라를 멸시했고, 이에 사라가 하갈을 학대하자 도망쳤다(창 16:6). 하갈이 아브라함에게 이스마엘을 낳아주었으나(창 16:16), 하나님은 하갈과 이스마엘을 아브라함의 대를 이을 자로 인정하지 않으셨다. 하나님은 '왕비'라는 뜻의 이름을 가진 '사라'에게 아들을 주어 그 사라를 통해 여러 민족들의 왕들이 나오게 하실 것이라고 약속하셨다(창 17:16).

그래서 하나님이 약속하신 때가 되어 사라가 이삭을 낳자, 하나님은 아브라함에게 여종 하갈과 그의 아들을 내쫓으라 하시고 "이삭에게서 태어나야 네 자손이라 일컫게 될 것이다."(창 21:12) 하셨다. 나중에 사라가 죽자 아브라함은 사라를 위하여 슬퍼하며 통곡하고, 막벨라 굴을 매장지로 구입하여 사라를 장사하였는데, 그 매장지는 나중에 대대로 가문의 묘로 사용되었다(창 23:1-20).

이로 보건대, 아브라함의 아내 사라는 열국의 어머니요, 많은 왕들을 낳을 왕비로서 가문을 세웠다. 이와 관련하여, 바울은 사라를 자유를 가진 여자, 약속의 자녀를 통하여 하나님 나라를 유업으로 상속받게 하는 여자라고 해석했다(갈 4:21-31).

창세기 24장에 보면, 아브라함은 아들 이삭을 위하여 가나안 사람들의 딸이 아닌, 자기 고향 친족의 딸 리브가를 택하여 며느리로 삼았다(창 24:3, 4, 15). 이에 이삭은 리브가를 아내로 취하고 사랑하였으며, 그의 어머니 사라의 죽음 이후 위안을 얻었다(창 24:67). 이삭은 리브가와 결혼하였으나, 아내가 임신하지 못하자 아내를 위해 20년간 기도하여 하나님의 응답으로 쌍둥이 자녀를 얻게 되었다(창 25:19-24). 리브가는 쌍둥이 아들들이 장성하자, '큰 자가 작은 자를 섬길 것이다.'(창 25:23)라고 하신 하나님의 말씀을 따라 작은 아들 야곱이 큰 아들 에서를 대신하여 장자권을 물려받도록 역할을 다했다(창 27;5-13). 사실상, 에서는 믿음이 없어 장자권을 소홀히 여길 만큼 세속적이었고(창 25:32-34), 또 가나안의 헷 족속의 딸들을 아내들로 맞을 정도로 음란한 자였기에(창 26:34-35) (참조, 히 12:16) 리브가가 보기에 에서가 가문을 이을 장자의 권리를 갖기에 합당하지 않았다.

이로 보건대, 이삭의 아내요 야곱의 어머니인 리브가는 하나님의 말씀대로 장자를 세워 믿음의 가문을 세우는 역할을 해냈다. 그는 이삭과 자녀 생산을 위하여 함께 기도하고, 가문을 일으켜 세우는 데 주도적인 역할을 해냈던 것이다.

이삭의 아들 야곱은 태어나면서부터 형의 발꿈치를 잡고, 또 재물을 움켜쥐고 빼앗기지 않으려고 하나님과 씨름할 정도로 품행이 본래 악하였다(호 12:2-3). 이 같은 야곱을 하나님은 거룩한 믿음의 조상으로 변화시켜 주셨다. 아브라함은 여호와 하나님을 믿음으로 의롭다 함을 받음으로(창 15:6) 이신칭의(justification by faith)의 모델이 되었는가 하면(롬 4:3), 이삭은 약속의 자녀요, 자유하는 여자의 자녀로서 하나님의 자녀의 신분과 권세를 누림으로 하나님의 자녀권의 모델이 되었다(갈 4:28-31). 이에 비하여, 야곱은 형 에서의 분노를 피하여 밧단아람으로 가던 길에서 돌을 베개로 삼아 잠을 자다가 그가 자던 곳이 바로 하나님의 전이요 하늘의 문인 것을 꿈에 환상으로 보았는가 하면(창 28:17), 얍복 나루에서 하나님의 천사와 씨름하던 중 환도뼈가 부러지는 가운데 하나님 앞에 눈물로 회개하고(창 32:22-27; 참고, 호 12:4) 다시 벧엘로 올라가 이방 신들을 제거하고 하나님 앞에 단을 쌓고 제물을 드리며 온전하게 회개함으로 이스라엘이라는 이름대로 새 사람이 되어 이신성화(sanctification by faith)의 모델이 되었다. 야곱이 죽을 무렵 요셉의 두 아들인 에브라임과 므낫세를 축복하고(창 48:8-22), 또 열두 아들들을 축복하던 것을 보면(창 49:1-28) 그는 영적으로 굉장한 경지에 이르러 있었다. 영적으로 눈이 밝았다. 그래서 육신적으로는 눈이 어두웠어도(창 48:10) 에브라임과 므낫세의 장래뿐 아니라 열두 아들들의 장래를 훤히 내다보며 예언하여 축복했던 것이다.

야곱은 네 명의 아내, 곧 레아, 라헬, 빌하와 실바에게서 열두 아들들을 낳았다. 레아와 라헬은 언니와 동생이고, 빌하는 라헬의 여종이고, 실바는 레아의 여종이었다. 레아가 여섯 명의 아들들을 낳고, 나머지 세 아내들이 각각 두 명의 아들들을 낳았다. 야곱이 이렇게 네 명의 아내들에게서 열두 명의 아들들을 낳은 것으로 보아 난잡해 보인다. 그러나, 하나님은 야곱을 철저하게 회개시켜 거룩하게 변화된 새 사람으로 만드시고, 열두 명의 아들들이 이스라엘 열두 지파의 조상이 되게 하여, 장차 예수님의 열두 사도들과 함께 24 장로로 세움 받아 하늘에 있는 하나님 나라의 초석이자 기둥들이 되게 하셨다(계 21:9-14). 비록 빌하와 실바는 계집종들이었고, 레아와 라헬은 자매지간으로 야곱의 아내들이 되었으나, 하나님의 특별한 은혜와 섭리로 말미암아 이스라엘의 열두 지파를 일으켜 세우는 어머니들로서 영광을 누렸다.

3. 모세와 미리암을 통해 본 남녀 간 역할

모세는 하나님의 명령을 받고서 자기 민족 이스라엘을 이집트에서 탈출시켜 홍해를 건너 아라비아 북부 미디안 광야로 인도해낸 해방자요, 40년간 그 광야에서 그 백성을 지도한 통치자였다(참고, 행 7:35). 그는 여호와 하나님과 친구처럼 대면하여 말씀을 나누었고(출 33:11) 여호와께서 그와 입과 입을 마주하여 명백하게 말씀하셨고(민 12:8), 얼굴을 마주하여 아셨던(신 34:10) 선지자였다(참고, 신 18:18; 행 7:37). 그래서 하나님께로부터 살아있는 말씀을 받아 자기 백성에게 전해 주었던 것이다(행 7:38).

이 모세의 누나가 미리암이다(민 26:59). 미리암은 어머니 요게벳이 갈대 상자에 갓난 아기 모세를 넣어 물에 띄워 보내던 때 갈대밭에 숨어 지켜보다가 어머니 요게벳을 바로의 공주에게 유모로 천거하여 모세를 기를 수 있게 했다(출 2:1-10). 모세가 이스라엘 백성을 이끌고 홍해를 성공적으로 건너고서 이스라엘 백성과 함께 승리를 노래하던 때(출 15:1-18), 이 미리암은 여선지자로서 여자들을 이끌고서 소고를 들고 춤추며 노래했다(출 15:20-21).

세상에서 어떤 사람보다 더 온유했던(민 12:3) 모세가 에티오피아 여자를 아내로 맞이한 것을 두고 미리암이 모세를 비판했다(민 12:1-2). 이때 미리암은 모세의 권위와 위치에 대하여 누나로서 대항하고 반기를 들었던 것이다. 이로 인하여 미리암은 하나님의 징계를 받아 문둥병에 걸려 7일 동안 진영에서 쫓겨나는 수모를 당했다(민 12:10-15).

그렇지만 미가서 6:4, "내가 너희를 이집트 땅에서 올라오게 하여 너희를 종살이하던 집에서 속량하였고, 너희 앞서 내가 모세와 아론과 미리암을 보냈었다."고 말씀되어 있는 것으로 보아, 미리암은 모세와 함께 선지자요 이스라엘의 지도자의 위치에 있었다. 그래서 홍해를 건넌 후 승리를 축하하며 노래하던 때 모세와 함께 여선지자로서 노래할 수 있었던 것이다(출 15;21).

4. 구약의 믿음의 여자들의 역할: 드보라, 룻, 에스더

모세와 여호수아 시대가 지난 후 구약의 믿음의 여자들 가운데서 이스라엘 백성과 하나님의 구원 역사를 위해 중요하게 역할을 한 여자들로 드보라와 룻과 에스더를 꼽을 수 있다.

1) 드보라

사사 에훗이 죽은 후에 이스라엘 자손들이 다시 여호와 보시기에 악을 행하였으므로 여호와께서 가나안 왕 야빈 아래서 심하게 학대를 받게 하셨다(삿 4:1-3). 그때에 하나님께서 여선지자 드보라를 사사로 세워 이스라엘을 다스리게 하셨다(삿 4:4). 드보라는 군대장관 바락을 지휘하여 기손 전투에서 야빈의 군사령관 시스라를 물리쳤다(삿 4:6-16). 이로써 드보라는 이스라엘의 어머니로 추앙을 받게 되었다(삿 5:7). 드보라는 40년간이나 여선지자로, 재판관으로, 지도자로 이스라엘을 다스려 평온을 누리게 하였다(삿 5:31).

2) 룻

이방인 모압 여자 룻은 사사 시대에 살았다. 그 땅에 왕이 없으므로 사람들이 자기 멋대로 행하고, 우상숭배가 심하고 성적으로 부패하였다. 믿음으로 하나님과 동행하여 경건하게 사는 자들을 찾아보기 어려웠다.

베들레헴에 기근이 심하여 엘리멜렉과 그의 아내 나오미가 두 아들들과 함께 모압 지방으로 옮겨 가 살던 중, 나오미의 남편 엘리멜렉과 두 아들들이 죽고, 모압 여자 두 며느리만이 나오미와 함께 남게 되었다. 이때 시어머니 나오미를 진심으로 섬기기로 작정하고 떠나지 않은 며느리가 바로 룻이었다(룻 1:1-5). 나오미 곁에 남은 룻은 이방인이었으나 "어머니의 백성이 저의 백성이며, 어머니의 하나님이 저의 하나님이십니다."(룻 1:16)라고 시어머니에게 말할 만큼 신앙이 대단했다. 시어머니 나오미는 며느리 룻과 함께 고향 베들레헴으로 되돌아 왔고, 남편 엘리멜렉의 가문에 속한 세력 있는 부자 보아스에게서 룻이 은혜를 입게 되어 둘이 결혼하였다. 보아스가 룻을 맞이하여 아내로 삼고 동침하여 아들을 낳았는데, 그의 아들의 이름은 오벳이었고, 이 오벳은 다윗의 아버지인 이새의 아버지였다. 이렇듯 룻은 보아스와 결혼하여 오벳을 낳고, 오벳은 이새를, 이새는 다윗을 낳은 것이다(룻 4:13-17).

룻기는 다말이 유다에게서 낳은 베레스의 족보(룻 4:18-22)로 마무리되어 있는 바, 다말과 룻을 통하여 여호와 하나님께서 다윗의 집을 일으켜 세웠음을 밝혀 놓았다. 룻은 '일곱 아들보다도 더 나은 며느리'(룻 4:15)로서 베레스의 집같이 집안을 일으키고(룻 4:12), 엘리멜렉의 유업을 물어 주었다(룻 3:9; 4:8-9). 그러기에 룻은 엘리멜렉 가문과 생명의 회복자였다(룻 4:15).

룻은 세력 있는 부자 보아스를 만남으로 현숙하고 덕스럽고 유능한 아내가 되었다(잠 31:10). '현숙한'을 가리키는 히브리어 '하이일'은 '힘, 능력, 덕, 정직, 부' 등을 뜻하는 바, '현숙한 여자'는 '유능하고 덕스럽고 정직한 여자'이다. 이 유능하고 현숙한 여자는 남편을 잘되게 하고(잠 31:12), 손으로 열심히 일하여 집을 일으켜 세우며(잠 31:13-20), 능력과 존귀로 옷을 삼고 모든 사람들에게서 칭송을 받는다(잠 31:25, 31).

이렇듯, 룻은 이방의 모압 여자였으나 여호와를 온전히 믿음으로 다윗의 가문을 일으켜 세우는 데 결정적 역할을 한 바, 일곱 아들보다 더 나은 며느리, 유능하고 덕스럽고 현숙한 여자로서 시댁의 유업을 이어 준 여자였다.

3) 에스더

페르샤 왕 아하수에로 시대에 왕이 자기 나라의 영광스러운 부요함과 자기의 찬란한 명예를 과시하고자 잔치를 베풀었고, 왕후 와스디도 후궁들을 위하여 잔치를 베풀었다. 술에 취한 왕은 왕후 와스디의 미모를 대신들에게 자랑하고 싶어서 왕후에게 명령하여 잔치 자리에 와서 춤을 추라고 내시를 보냈으나, 왕후가 그의 명령을 거절하자 분노하여 왕후를 폐위시켰다(에 1:21). 그 당시는 남편이 집안에서 절대 권력을 휘둘러 아내 된 여자들을 소유물 취급하여 기분에 따라 아내를 노리개 삼듯 했다. 이로써 모든 여자가 자기 남편을 하늘처럼 존경하는 마음으로 대하게 하고, 모든 남편이 자신의 집을 권력으로 주관하게 하였던 것이다(에 1:20-22).

왕후 와스디가 폐위되자 왕은 자기를 위해 외모가 아름다운 처녀를 구하게 하였다(에 2:2-4). '자기를 위해 외모가 아름다운 처녀'를 구하게 한 사실로 미루어 볼 때, 그 당시 여자는 왕후일지라도 남자의 성적 정욕을 위한 노리개에 지나지 않았다. 아무튼, 왕후 와스디의 빈자리를 유대인 여자로 삼촌 모르드개의 수양딸로 자라났던 고아 출신 에스더가 차지하게 되었다(에 2:5-7, 17).

에스더의 양아버지였던 모르드개는 왕궁의 문지기 노릇을 하던 때 왕의 내시 두 사람이 왕을 암살하려던 음모를 왕에게 전하여 줌으로써 왕이 암살을 면할 수 있게 하는 공을 세울 만큼 충실한 왕궁의 문을 지키는 신하였다(에 2:19-23). 왕궁의 문지기 신하들이 높은 지위의 대신들에게 무릎 꿇고 절하였으나, 모르드개는 그렇게 하지 않음으로 대신들 가운데 우두머리였던 하만이 크게 격분하였다. 이에 하만은 왕의 재가를 얻어 모르드개와 그의 민족인 유대인들을 학살하기로 결정하였다(에 3:1-6, 12-15).

이같은 학살이 결정되고 공포되자 모르드개는 유다 사람들과 함께 애곡하며 금식하였고(에 4:1-3), 자기 수양딸인 에스더에게 왕을 설득하여 자기 백성이 학살되는 것을 면할 수 있게 해달라고 요청하였다(에 4:7-14). 모드드개의 요청을 받은 에스더는 '죽으면 죽으리라.'는 결심을 하고 모르드개가 자기에게 요청한 대로 모두 시행하여 자기 백성을 위기에서 구하였다(에 4:15-17).

이로 보건대, 여자가 남자의 소유물이자 성적 노리개 취급받던 악한 시대에, 에스더는 신분이 비천한 포로였고 고아였으나 페르샤의 왕후가 되어 자기 민족을 대학살의 위기에서 구해낸 구원자 역할을 했다. 또한, 대학살을 모면케 된 날을 부림절로 정하여 지키게 함으로써(에 9:23-32), 유대 민족의 절기를 세운 자로 역사에 길이길이 남게 되었다.

5. 신약의 믿음의 여자들의 역할: 예수의 어머니 마리아, 막달라 사람 마리아, 루디아, 브리스길라, 뵈뵈

예수님께서 유대 땅 각 성읍과 마을을 두루 다니시면서 열두 제자들과 함께 하나님 나라의 복음을 선포하시고, 악령들과 질병들로부터 많은 약한 자들을 치료하시던 때에 많은 여자들이 자신들의 소유물들로 예수님과 제자들을 섬겼다. 그들 가운데 일곱 악령들이 나간 막달라 사람 마리아가 있었다(눅 8:1-3).

사도 바울이 안디옥과 빌립보와 고린도와 에베소 등 소아시아 지방과 마케도니아와 아가야에서 복음을 전하고 많은 병든 자들을 치료하던 때 많은 동역자들이 있었는데 그 가운데는 여자 동역자들로 루디아와 브리스길라와 뵈뵈 등 많은 사람들이 있었다. 로마서 16장에 소개되어 있는 자들만 보더라도 26명 가운데 9명이 여자들이었다. 브리스길라(롬 16:3), 마리아(6절), 유니아(7절), 드루배나, 드루보사, 버시(12절), 루포의 어머니(13절), 율리아와 네레오(15절) 등이다. 이들은 바울의 동역자들로서(3절) 사도들에 버금가는 탁월한 선교사요(7절), 복음을 위해 많이 수고한 일꾼들이었다(12절). 이들 9명 가운데서 유니아, 드루배나, 드루보사, 버시, 루포의 어머니, 율리아, 네레오 등 7명은 노예에서 해방된 자들이었다.

1) 예수의 어머니 마리아

마태복음 1:16. "야곱은 마리아의 남편 요셉을 낳았으니, 이 마리아에게서 그리스도라고 하는 예수에게서 태어나셨다." 예수님의 족보를 마태가 소개하면서 강조하고자 한 것은, 예수님이 '다윗의 자손'이었다는 것과(마 1:1), 다말, 라합, 룻, 그리고 마리아와 같은 '여자의 후손'이었다는 것과(3-6절, 16절), 그리고 다윗의 이름을 숫자로 계산해서 14인 점을 고려하여, '때가 차매'(참조, 17절, '14대, 14대, 14대'; 참고, 갈 4:4) 등 이었다.

마리아는 요셉과 정혼한 상태에 있었던 처녀였고(마 1:18; 눅 1:27, 34), 나사렛이라고 하는 비천한 동네 사람이었으며(눅 1:26; 참조, 요 1:46), 아이를 낳을 때 너무 가난해서 여관에 투숙할 돈도 없었고 갓 태어난 아기를 누일만한 곳도 못 마련해서 짐승의 구유에 뉘여야 했던 여자였다. 사회적으로 신분이 천하고, 경제적으로도 가난한 여자였다(참고, 눅 1:48).

그럼에도 불구하고, 마리아는 '하나님께 은혜를 입은 자'였고(눅 1:28), '나는 주님의 계집종입니다. 주님의 말씀대로 내게 이루어지기를 바랍니다.'(눅 1:38)라고 말할 정도로 경건하고 믿음이 있는 여자였다. 이 마리아에게 성령이 임하여 아들이 잉태되었고(마 1:18, 20), 마리아가 낳은 아들이 예수 임마누엘이었다(마 1:21, 23). 이렇게 해서, 동정녀 마리아가 성자 예수 그리스도의 어머니가 되었고(마 2:11; 눅 1:43, '내 주님의 어머니'; 요 19:26-27). 하나님이 다윗에게 약속한 대로 언약을 성취하여 다윗의 가문을 완성하였다.

마태가 요셉을 마리아의 남편이라고 하고, 마리아에게서 그리스도라고 하는 예수가 태어나셨다(마 1:16)고 한 것으로 보아, 다윗에게 약속된 언약이 창세기 3:15의 말씀대로 마리아라고 하는 여자를 통해서 성취된 것이다. 하나님의 구원의 역사가 마리아를 통해서 성취되었고, 많은 선지자들을 통해서 수천 년을 두고 예언되고 기다려 왔던 그리스도가 마리아라고 하는 동정녀를 통해서 태어나셨다. 하나님의 성소인 에덴동산에서 사탄의 미혹을 받아 여자가 먼저 범죄하고 타락하여 죄가 세상에 들어왔으나, 이제는 하나님의 때가 찼을 때 마리아라고 하는 여자를 통하여 성령으로 말미암아 그리스도가 태어나 하나님의 구원의 문이 열리게 된 것이다. '생명의 창시자'(행 3:15)이시요, '구원의 창시자'(히

2:10)이시며, '믿음의 창시자'(히 12:2)로서 우리의 '영도자'요 구주(행 5:31)이신 메시아, 곧 그리스도가 여자에게서 나셨다. 마리아가 주님의 어머니이셨던 것이다.

2) 막달라 사람 마리아

막달라 사람 마리아는 일곱 악령에 시달리다가 예수님께 치료받았고, 그로 인하여 헤롯의 관리였던 구사의 아내 요안나와 수산나와 함께 그들이 가진 소유물로 예수님과 그의 제자들을 도우며 하나님 나라 복음 선포 사역에 참여했다(눅 8:1-3).

이 마리아는 예수님께서 골고다 언덕에서 십자가에 못 박히시던 때 멀리서 지켜본 여자들 가운데 가장 먼저 언급된 바 있고(막 15:40), 예수님의 시신이 묻혀 있던 무덤을 삼 일째 줄곧 지켜보았던 여자들 가운데 가장 먼저 언급되었고(막 15:47), 예수님이 부활하신 후 제일 먼저 나타나 만나 주신 바로 그 여자였다(막 16:9).

이 세상에서 가장 천하고 악령에게 시달리며 힘들게 살았던 막달라 사람 마리아는 교회 안에서 아무런 중요한 직분을 받은 일이 없지만, 어떤 사도들보다도 더 예수님을 깊이 사랑하고, 예수님의 십자가의 죽음과 무덤에 묻히신 것과 부활하신 것을 확실하게, 그리고 가장 먼저 증거한 증인이었다.

요한복음 4장에 소개되어 있는 사마리아 수가성의 여자는 남편이 다섯 명 있었던 부끄러운 삶을 산 여자였으나, 야곱의 우물가에서 예수님을 만나고서, "이분이 그리스도이시다."(요 4:29)라고 동네 사람들에게 알려 그 사마리아 사람들이 그 여자의 증언을 듣고서 예수님을 믿었다(요 4:39). 그때에 사마리아 사람들이 예수님께 와서 자기들과 함께 머무시도록 요청하므로 거기에 머무시면서 그들에게 말씀을 전하시매, 그분의 말씀으로 말미암아 더 많은 사람들이 믿고서, '이분이 참으로 세상의 구주이시다.'라고 고백하게 되었다(요 4:40-42).

요한복음 11장에는 나사로와 그의 누나들인 마르다와 마리아가 소개되어 있다. 나사로의 죽음과 관련하여 예수님이 나흘이나 지나 나사로가 살던 베다니로 오셨을 때, 예수님께서 "내가 곧 부활이고 생명이다."(요 11:25)라고 하시자, 마르다는 대답하기를, "주님, 당신은 세상에 오실 그리스도이시고 하나님의 아들이심을 제가 믿습니다."(요 11:27)라고 고백했다. 그리고 그의 자매 마리아는 유월절 육 일 전에 베다니에 오셨을 때 순전한 나드 향유 한 리트라(약 340그램)를 예수님의 발에 붓고 그의 장례를 사실상 준비해 드렸다(요 12:3, 7).

막달라 사람 마리아나, 수가성의 죄 많은 여자나, 나사로의 누나들인 마르다와 마리아는 신분이 천하였으나, 주님의 복음 사역에 아주 주요한 역할을 하여 예수가 그리스도이심을 사도들과 더불어 증거하였던 것이다.

3) 루디아

바울이 소아시아 지방에서 하나님 나라의 복음을 계속해서 전하고자 하던 때 성령께서 그의 길을 막으셨다(행 16:6). 이때 밤에 바울에게 환상이 보였는데, "마케도니아로 건너와서 우리를 도우라"(행 16:9)는 마케도니아 사람의 간청하는 소리를 바울이 듣게 되었다. 이에 바울이 처음 간 곳이 빌립보였고, 그곳에서 고급 비단 옷감 장사 루디아를 만나게 되었다. 주님께서 그 여자의 마음을 열어 바울이 말하는 복음을 듣게 하심으로 그 여자의 집 사람들이 세례를 받게 되었고, 마침내 빌립보에 가정 교회가 세워졌다(행 16:14-15, 40).

루디아를 중심으로 해서 세워진 빌립보 교회는 바울의 선교 사역을 위하여 꾸준하게 동참하였고(빌 1:5), 바울이 감옥에 갇혀 있던 때 오히려 더 열심히 복음을 전했으며(빌 1:7) 바울에게 헌금을 보내어 후원해 주기도 했다(빌 4:16).

루디아는 바울의 참된 동역자였고(참고, 빌 4:3), 바울을 처음으로 만났을 때 그의 일행이었던 실라와 누가를 환대함으로써(행 16:15; 참조, 행 16:11, '우리'는 바울과 실라와 누가를 가리킴.) 그것이 그 교회의 아름다운 전통이 되었다(빌 4:10, 14-16).

이렇듯, 비단 장사 루디아는 하나님을 경외하는 자로서 하나님의 복음에 헌신하고, 바울의 선교를 후원하고, 바울의 동역자들을 환대하며, 빌립보 교회가 세워지는데 기초를 놓은 바울의 신실한 동역자였다.

4) 브리스길라

브리스가로도 불린(롬 16:3; 딤후 4:19; 고전 16:19) 이 여자는 아굴라의 부인으로 로마에서 살고 있었으나, 글라우디오 로마 황제가 유대인들을 로마에서 추방하자 고린도로 와서 바울과 함께 교제하면서 천막을 만들었다(행 18:1-3). 브리스길라는 고린도에서 바울과 함께 1년 6개월 동안 교제하고 동역하면서 복음에 정통하게 되었다(행 18:11). 그래서 성경에는 능통했으나 그리스도와 복음에 대하여는 깊이 있게 이해하지 못한 아볼로를 데려다가 더 정확하게 설명하여 줌으로써 나중에는 그로 하여금 예수가 그리스도이심을 성경을 통해 증명할 수 있게 했던 것이다(행 18:24-28).

아굴라가 남편이었지만, 바울과 함께 선교지를 방문하거나 교회를 섬길 때에는 이 부부를 소개할 때 '브리스길라와 아굴라'(행 18:18, 26) 또는 그녀의 애칭을 따라 '브리스가와 아굴라'(고전 16:19; 롬 16:3; 딤후 4:19)로 되어 있다. 이로 보건대, 남편 아굴라보다 아내인 브리스길라가 복음에 더 정통하고 잘 가르쳤던 것으로 보인다. 그래서 바울이 로마서 16장에서 안부를 전하고자 자신의 동역자들을 언급할 때 브리스길라를 가장 먼저 언급했던 것이다.

브리스길라가 바울의 최측근 동역자로 소개될 수 있었던 이유는 그녀가 고린도교회의 주인이었고(고전 16:19), 에베소교회에서 디모데와 함께 바울을 대신하여 사역하였으며(딤후 4:19; 참조, 행 18:24-26에 보면, 아볼로를 가르쳤던 곳도 에베소였음.), 나중에는 그가 추방되기 전에 살았던 로마에서도 자기의 집을 교회로 사용했다(롬 16:5). 이렇듯, 브리스길라는 에베소교회와 고린도교회와 로마교회에서 교회 개척 설립자요 성경 선생이요 지도자로 활동했던 까닭에, 바울이 가장 가까이한 동역자였던 것이다. 브리스길라는 남편 아굴라와 함께 바울의 목숨을 지키기 위해서 자신들의 생명까지 아끼지 않을 만큼 복음을 위하여 헌신 된 교회의 일꾼들이었다(롬 16:4 상반절). 바울과 모든 이방인들의 교회가 브리스길라에게 감사하였던 것이다(롬 16:4 하반절).

5) 뵈뵈

고린도 동쪽 항구였던 겐그레아교회의 뵈뵈는 '자매' '여집사'(또는, '일꾼') '보호자'(또는, '후원자')였다(롬 16:1-2). '자매'란 헬라어로 '아델페'인데, 가정에서 형제들을 부모를 대신하여 양육하는 책임을 맡았었다. 그래서 자매인 뵈뵈를 가리켜 '집사'(헬라어, '디아코노스')라 했고, '보호자'(헬라어, '프로스타티스')라고 하였다.

'집사'는 교회의 일꾼으로 살림을 맡아 섬기는 자였다. '보호자'로 번역된 헬라어 '프로스타티스'는 데살로니가전서 5:12에서는 '주 안에서 인도하는 자'이고, 로마서 12:8에서는 '다스리는 자'이며, 디모데전서 5:17에서도 '다스리는 자'로 번역되어 있다. 단순히 후원자 또는 보호자를 의미하지 않고, 인도자요 다스리는 지도자를 가리켜 사용되는 단어이다.

뵈뵈가 집사요 보호자로서 교회를 인도하고 다스리는 자인 것으로 미루어 볼 때, 브리스길라의 집처럼 뵈뵈의 집에서 교회가 모였던 것이다. 그래서 뵈뵈는 자기의 집에서 교회가 모였기 때문에 바울뿐 아니라 여러 사람들에게 호의를 베풀고 무엇이든 도와줄 수 있었던 것이다. 그래서 뵈뵈를 '보호자' 또는 '후원자'라고도 했다.

'자매'(헬라어, '아델페'), '집사'(헬라어, '디아코노스'), 그리고 '보호자'(또는 '지도자'; 헬라어 '프로스타티스')인 뵈뵈는 겐그리아교회의 핵심되는 지도자였다. 그래서 바울은 로마교회에 부탁하기를, 뵈뵈를 합당한 예의를 갖추어 영접하고, 그녀가 필요로 하는 모든 것을 힘껏 도와주라고 했던 것이다(롬 16:2). 바울이 뵈뵈를 로마교회에 추천한 것으로 보아 바울이 쓴 편지, 곧 '로마서'를 뵈뵈를 통해 로마교회에 전한 것이 틀림없다. 뵈뵈는 바울이 신임하던 동역자였다.

V

교회 안에서
여자의 역할과
관련된 성경
구절들

너희는 유대인이나 헬라인이나 종이나 자유인이나 남자나 여자나
다 그리스도 예수 안에서 하나이니라(갈3:28)

V. 교회 안에서 여자의 역할과 관련된 성경 구절들

　구약 성경의 드보라, 룻, 에스더, 신약 성경의 예수의 어머니 마리아, 막달라 사람 마리아, 루디아, 브리스길라, 뵈뵈 등을 보면 하나님의 구원 역사와 교회 안에서의 복음 사역을 위해서 여자들이 주요한 증인들이요, 교회의 개척 설립자, 지도자, 인도자, 또는 성경교사로 크게 역할을 한 것을 알 수 있다. 구약 성경에서 살펴보았던 바, 하나님의 형상으로 창조된 남녀의 역할, 창세기에서 믿음의 조상들의 남녀 간 역할, 모세와 미리암을 통해서 본 남녀 간 역할 등을 배경으로 하여, 신약 성경에 관련된 주요 구절들을 해석해 보면, 교회 안에서 여자의 역할들이 더욱 분명하게 드러난다.

1. 사도행전 2:16-21

> 16절. 오히려 이 일은 선지자 요엘을 통하여 말씀하신 것이니,
> 17절. 하나님께서 말씀하셨습니다.
> '마지막 날들에 내가 내 영을 모든 육체에 부어줄 것이니, 너희 자녀들은 예언하고, 너희 젊은이들은 환상을 보며, 너희 노인들은 꿈을 꿀 것이다.
> 18절. 그 날들에 내가 내 남종들과 여종들에게도 내 영을 부어줄 것이니, 그들이 예언할 것이다. …
> 21절. 그러나 누구든지 주님의 이름을 부르는 자는 구원을 받을 것이다.'

이 구절들은 베드로가 성령으로 충만하여(행 2:4) 목소리를 높여 처음으로 설교하면서 인용한 요엘 선지자의 예언의 말씀이다. 베드로의 이 설교는 요엘 선지자의 예언대로 오순절 날에 마가 다락방에 모인 예수님의 제자들 각 사람 위에 성령이 충만하게 임한 사실을 두고 하였다. 이 마가 다락방에는 함께 모인 사람들의 수가 백이십 명쯤 되었는데, 그들 가운데는 열두 사도들뿐 아니라 '여자들과 예수님의 어머니 마리아와 그의 동생들'(행 1:13-14)이 함께 모여 기도에 전념하였다. 이 다락방이 있는 집이 '마가라고 불리는 요한의 어머니 마리아의 집'(행 12:12)이었으므로 마가의 어머니 마리아가 주인 노릇하였을 것이 분명하다.

그러므로, 요엘 선지자의 예언대로 마가의 다락방에 모인 모든 사람들 각각 위에 성령이 충만하게 임하였던 바, 마치 큰 산불처럼 활활거려 갈라진 혀들이 나타나 그들이 다른 방언들로 말하기 시작하였다(행 2:3-4). 그들 가운데는 젊은이들과 노인들, 남자들과 여자들이 있었다(행 2:17-18). 남자들과 여자들이 성령으로 충만하여 예언도 하고 방언도 했다. 다시 말해서, 성령 충만함으로 말미암아 남자들뿐 아니라 여자들도 아무런 차별 없이 예언하고 방언하였다. 사도행전에서 최초의 교회였던 마가 다락방 교회는 주인이 마가의 어머니 마리아였고, 열두 사도들과 함께 여자들도 기도에 전념하다가 성령 충만을 받아 예언하고 방언도 했던 것이다. 교회 안에서 성령의 역사는 남자와 여자 간에 차별이 없었고, 교회의 주인 역할은 여자가 맡아 했다. 후에는 루디아가 빌립보교회에서, 뵈뵈가 겐그레아교회에서, 브리스길라가 고린도교회와 에베소교회와 로마교회에서 주인 노릇을 하였다.

2. 갈라디아서 3:28

28절. 유대인이나 헬라인이나 종이나 자유인이나 남자나 여자나 차별이 없으며, 여러분은 모두 그리스도 예수님 안에서 하나입니다.

욥기에서 엘리후가 말한 바에 의하면, "(하나님께서는) 왕족을 외모로 취하지 아니하시며 가난한 사람들보다 부자를 더 중요하게 생각하지 않으시니, 이는 그분이 모두를 자기 손으로 지으셨기 때문입니다."(욥 34:19). 하나님께서는 본래 사람을 차별하지 않으신다. 왕족이나 가난한 자나 부자나 하나님 보시기에는 다 똑같다. 그래서 바울도 그리스도 예수 안에서는 모든 사람이 동등하기 때문에, 남자나 여자 간에 차별이 없다고 한 것이다.

바울이 남자나 여자 간에 차별이 없다고 말한 배경을 살펴보면, '예수 그리스도를 믿는 자들'(갈 3:22), '그리스도 예수님을 믿음으로 말미암아 하나님의 아들들이 된 자들'(갈 3:26), '그리스도에게 속한 자, 곧 아브라함의 자손이고 약속에 의한 상속자'(갈 3:29; 참고, 4:7, '아들이면 또한 상속자이다') 등을 가리켰다. 그리스도 예수님을 믿는 자들은 남자나 여자나 차별 없이 하나님의 아들들이요 아브라함의 자손으로서 상속자들인 것이다.

3. 고린도전서 11:2-16

2절. 여러분은 모든 일에 나를 기억하고, 또 내가 여러분에게 전해 준 대로 그 전통을 굳게 지키고 있으므로 내가 여러분을 칭찬합니다.

3절. 그러나 나는 여러분이 알기를 원합니다. 모든 남자의 머리는 그리스도이고 여자의 머리는 남자이며, 그리스도의 머리는 하나님이시라는 것을 알기를 원합니다.

4절. 남자가 머리에 무엇을 쓰고 기도하거나 예언을 하면, 자기 머리를 욕되게 하는 것입니다.

5절. 그러나 여자가 머리에 쓴 것을 벗고 기도하거나 예언을 하면, 자기 머리를 욕되게 하는 것이니, 이는 자기 머리를 밀어버린 것과 다름이 없습니다.

6절. 여자가 머리에 쓰지 않으려거든 머리를 깎도록 하십시오. 그러나 머리를 깎거나 민 것이 여자에게 부끄러운 일이 된다면, 쓰도록 하십시오.

7절. 남자는 하나님의 형상이고, 영광이기 때문에 머리에 쓰면 안 됩니다. 그러나 여자는 남자의 영광입니다.

8절. 남자가 여자에게서 난 것이 아니라, 여자가 남자에게서 났습니다.

9절. 또한 남자가 여자를 위하여 지음을 받은 것이 아니라, 여자가 남자를 위하여 지음을 받았습니다.

10절. 그러므로 여자는 천사들 때문에 권위의 표를 그 머리에 두어야 합니다.

11절. 그러나 주님 안에서는 남자 없이 여자가 있을 수 없고, 또한 여자 없이 남자가 있을 수 없습니다.

12절. 여자가 남자에게서 난 것 같이 또한 남자도 여자로 말미암아 났으나, 모든 것이 하나님께로부터 났습니다.

본문이 교회 안에서 여자의 역할, 특히 여자 목사

임직과 관련해서 중요하게 다루어진 것은, '여자의 머리는 남자'(3절) 라는 문구를 근거로 하여 여자 목사 임직을 반대했기 때문이다.

어떤 문제 되는 구절을 해석할 때에는 일반적으로 성경의 기본적인 가르침이나 해당 구절의 배경 등을 고려해야 한다. 그러므로, 교회 안에서 여자의 역할을 논하려 하면, 우선 창세기 1:26–28에 가르쳐져 있는 바 하나님의 형상으로 남자와 여자가 다같이 창조된 것을 근거로 삼아야 한다. 뿐만 아니라, 사도행전을 중심으로 신약 시대의 교회들에서 여자들의 역할을 고려해야 한다. 예컨대, 마가의 다락방 교회(행 1:13-15)의 주인이 마가의 어머니 마리아인 것과, 그 교회에 모여 기도하던 자들에게 성령이 임하자 여자들을 포함하여 많은 사람들이 방언도 하고 예언도 했다(행 2:4, 18). 루디아는 자기 집 식구 모두 바울에게 세례를 받게 함으로써 그 여자의 집이 교회가 되었다(행 16:15, 40). 브리스길라는 고린도교회(행 18:3, 11; 고전 16:19)의 여주인이었고, 에베소에서는 아볼로에게 복음을 정확하게 가르쳐 주었으며(행 18:26) 디모데와 함께 교회를 섬겼고(딤후 4:19), 로마교회가 그 여자의 집에서 모였다(롬 16:3-5). 뵈뵈는 겐그레아교회의 주인이자 지도자였다(롬 16:1-2). 다시 말해서, 신약 시대의 교회들에서 여자들이 주인 역할을 하되, 지도자로서, 그리고 사도들의 동역자로서 남자들과 함께 역할을 했던 것이다.

본문의 배경에는 고린도교회의 공적 예배 분위기를 바울이 크게 염려한 것이 있다. 고린도교회는 여자들이 남자들과 함께 예배에 참여하여 공적인 기도도 드리고 예언(설교)도 하게 되었는데, 무질서하고 시끄럽게 함으로써 예배 분위기가 아주 보기에 좋지 않았다. 뿐만 아니라, 머리에 쓰던 수건(너울)조차 벗어버리고 떠들어댐으로 교회 안에서의 분위기가 어지럽게 됨으로써, 바울은 어쩔 수 없이 질서를 바로 잡아야 할 필요를 느꼈던 것이다. 한편, 바울은 세상 사람들에게 오해와 악선전의 빌미를 주지 않으려는 의도에서, 유대인에게나 헬라인에게나 누구에게든지 거침돌이 되지 말고 예의 바르게 행하고 인정을 받으라고 자주 권면하였다(고전 10:32; 14:23; 고후 8:21; 살전 4:12; 딤전 3:7). (참고, 김세윤, 「하나님이 만드신 여성」 pp.59-69).

이같이 창세기 1:26-28에 있는 하나님의 형상과, 초대교회에서의 여자들의 역할과, 바울이 염려했던 고린도교회의 무질서하고 시끄러운 예배 분위기 등을 고려하여 본문을 해석해야 바른 해석이 가능한 것이다.

3절. "모든 남자의 머리는 그리스도이고 여자의 머리는 남자이며, 그리스도의 머리는 하나님이시라." 이 구절만 놓고 보면, '머리'(헬라어, '케팔레')가 '권위, 질서, 근원, 신분' 등 복합적인 의미를 가지고 있어서, 남자가 여자의 머리이기 때문에 신분과 질서와 권위 및 역할에 있어서 남자가 우위에 있으며, 여자와 남자 간에는 차이 또는 차별이 있는 것처럼 해석하는 자들이 있다. (참고, 권성수, "딤전 2:11-15의 주석적 고찰"「신학지남」63권: 100).

그러나, 이 구절을 해석함에 있어서, 우선 먼저, "그리스도의 머리는 하나님이시라."는 말을 바로 이해할 필요가 있다. 그리스도는 본래 유일하신 하나님이요(요 1:18) 아버지 하나님과 하나이시며(요 10:30) 그래서 동등하신 분이기(요 5:18) 때문에, 그리스도의 머리가 하나님이시라고 해서 그리스도가 아버지 하나님보다 권위나 신분이나 질서에 있어서 결코 열등하거나 차이가 있다고 할 수 없다. 아버지 하나님이 아버지이시고, 예수 그리스도는 하나님의 아들이실 뿐이다. 이로 보건대, 남자가 여자의 머리라고 해서, 여자가 남자보다 열등하거나, 남자의 권위 아래 있다고 해석할 수 없는 것이다.

그래서 바울은 마무리하기를, "그러나 주님 안에서

는 남자 없이 여자가 있을 수 없고, 또한 여자 없이 남자가 있을 수 없습니다. 여자가 남자에게서 난 것 같이 또한 남자도 여자로 말미암아 났으나, 모든 것이 하나님께로부터 났습니다."(11-12절)라고 하였다.

또한, 바울이 말한 바에 의하면, "남자가 머리에 무엇을 쓰고 기도하거나 예언을 하면, 자기 머리를 욕되게 하는 것입니다. 그러나 여자가 머리에 쓴 것을 벗고 기도하거나 예언을 하면, 자기 머리를 욕되게 하는 것이니, 이는 자기 머리를 밀어 버린 것과 다름이 없습니다."(4-5절). 이 구절에서 바울은 '머리를 욕되게 한다.'라고 말했는데, 이것을 '남자는 하나님의 형상이요, 영광'이고 '여자는 남자의 영광'(7절) 이라는 말과 함께 고려해보면, '머리'는 '영광'을 의미하는 것으로 볼 수 있다. 여자는 남자의 갈빗대로 만들어졌기에 남자의 영광이고, 남자는 하나님의 형상으로 만들어졌기에 하나님의 영광인 것이다. 그래서 여자가 그 당시의 사회 풍습에 반하여 머리에 쓴 수건(너울)을 벗어 던지는 것은 남편에게 욕이 되었고, 수건을 쓰고 행하면 남편에게 영광이 되었다. 아들이신 그리스도도 아버지 하나님의 영광이고(요 17:5, 22, 24) 아버지를 영광스럽게 하셨다(요 17:4).

이로 보건대, '여자의 머리가 남자'라고 한 것은 여자의 머리의 모습에 따라 남자가 영광스럽게 된다는 의미일 뿐, 남자가 여자에게 권위가 있다는 의미가 아니다. 즉, 여자의 신분이나 역할 등과는 관계가 없는 것이다.

남자와 여자 간에 신분이나 역할에 차이 또는 차별이 없다는 사실은, 남자가 기도하고 예언하는 것처럼, 여자도 교회 안에서 기도하고 예언한다고 바울이 말한 것에 나타나 있다. 바울은 여자가 교회의 공적 예배에서 기도하고 예언(일종의 설교)하는 것을 금하지 아니했다. 다만, 여자들이 교회의 예배 분위기를 어지럽게 하고, 여자들의 품행이 사회 풍습을 거스리게 되면 세상 사람들에게 비난을 받고 악선전의 빌미가 될 수 있기 때문에, 품행을 단정히 할 것을 여자들에게 바울이 요청한 것이다.

결론적으로, 고린도전서 11:2-16에서 바울의 말씀은 교회 안에서 여자들의 공적 기도와 예언(설교)의 권리를 제한한 것도 아니고, 남자가 여자의 머리임을 내세워 남자의 가부장적 권위에 복종하라는 것도 아니다. 단지 여자의 품행으로 인하여 남자의 영광이 가리어지고 욕되게 될 수 있기 때문에, 교회의 공적 예배에서 여자들이 품행을 단정히 하고서 기도하고 예언(설교)하라고 가

르친 것이다. 여자는 남자의 영광이기 때문에 자신의
품행으로 인해 남자가 욕되게 해서는 안 되고, 남자를
영광스럽게 해야 했다.

4. 고린도전서 14:34-35

> 34절. 여자들은 교회 안에서 잠잠하시오. 여자들에게는 말하는
> 것이 허락되어 있지 않으니, 율법이 말한 것 같이 여자들은
> 복종하시오.
> 35절. 무엇을 배우기 원하면 집에서 자기 남편에게 물어보시오.
> 여자가 교회 안에서 말하는 것은 부끄러운 것입니다.

　본문에서 바울이 여자들에게 교회 안에서 잠잠하
고 말하지 말며 복종하라고 한 것은 여자들은 교회 안
에서 방언도 하지 말고 예언도 하지 말며(즉, 설교도 하
지 말며) 남자에게 복종하라는 것인가?

　이 본문의 말씀을 제대로 이해하기 위해서는 앞서
11:5에서 여자들에게도 교회 안에서 공적으로 기도하
는 것과 예언하는 것(곧, 설교하는 것)이 허락되어 있었
다는 사실을 잊어서는 안 된다. 그리고 이 본문 바로 앞
서 33절 하반절에서 "모든 성도들이 교회 안에서 하는
것 같이"라는 말에 유의해야 한다. 모든 성도들, 곧 남

자들과 여자들이 다함께 교회 안에서 찬송하고 가르치고 계시를 말하고 방언하고 통역하였던 것이다(26절). 그런데 이런 것들을 할 때 질서 있게 해야 했는데 한꺼번에 서로 한 까닭에 교회가 소란스럽게 되어 바울은 잠잠하라고도 하고(28절, 30절) 제제하라고도 했다(32절). 이는 하나님이 화평의 하나님이시고 혼란스런 하나님이 아니시기 때문이었다(33절 상반절).

그렇다면, "여자들은 교회 안에서 잠잠하시오."라고 바울이 말한 것은 무슨 뜻인가? 고린도교회의 경우, 여자들 가운데 결혼한 여자들이 교회의 다수를 차지하고 있었다. 이 결혼한 여자들은 당대의 헬라나 로마나 유대인 사회에서 정상적으로 공적 교육 기관에서 교육을 받을 기회가 없거나 극히 제한되었던 까닭에, 남자들에 비하여 이해의 능력이 뒤떨어질 수밖에 없었다. 그런데, 이 여자들이 동등하게 교회 안에서 예배에 참여하게 되고, 기도도 하고 예언도 하고 방언도 하는 등 자유가 주어지자, 남녀의 동등권과 자유를 남용하여 자신들의 남편들을 제쳐두고 교회 안에서 다른 사람들에게 무질서하게 마구잡이로 질문들을 함으로써 교회 안에 혼란과 소란이 일어났던 것이다. 그래서, 바울은 교회 안에서 마구잡이로 질문을 함으로 예배 분위기를 소란스럽게 하지 말라는 뜻으로 잠잠하라고 했다. 대신, "무엇을 배우기 원하면 집에서 자기 남편에게 물어"(35절) 공적으로 교육을 받은 까닭에 이해하는 능력이 갖춰진 남편들에게 묻고 배우라고 한 것이었다.

"모든 성도들이 교회 안에서 한 것 같이"라고 바울이 말한 대로, 본래 성도들은 교회 안에서 예배하고 기도하며 예언할 때에 덕을 세우며(26절) 차례 대로(27절) 하고, 한 사람씩 한 사람씩 하였다(31절). 누군가가 차례대로 예언하거나 계시를 말하면 다른 사람들은 잠잠하였다(30절). 이렇게 교회 안에서 사람들이 덕스럽게 차례대로 하여 질서를 지키는 것처럼, 결혼한 여자들에게 바울은 다른 사람들이 예언하거나 계시를 말하고 있으면 끼어들어 마구잡이로 질문을 던짐으로 소란을 피우지 말고 잠잠하라고 하였던 것이다. 그래서 바울은 "모든 것을 적절하게 하고 또 질서 있게 하십시오."(40절)라고 요청했다.

바울이 고린도교회의 성도들에게 영적인 것들, 곧 예언과 방언과 가르치는 것 등을 사모하라(고전 14:1, 6)고 한 것으로 미루어 보아, 결혼한 여자들에게 교회 안에서 공적으로 기도하는 일이나 예언하고 설교하며 가르치는 일 등을 제한하여 잠잠하라고 한 것이 결코 아니다. 남자들처럼 기도하고 예언하는 권리가 여자들에게도 보장되어 있었다(참조, 고전 11:5).

"여자들에게는 말하는 것이 허락되어 있지 않으니." 이렇듯 잠잠하라고 하였기 때문에 여자들에게는 말하는 것이 허락되지 않은 것처럼 보인다. 그런데 "여자가 교회 안에서 말하는 것이 부끄러운 것입니다."(35절) 라고도 하였는 바, 무슨 말을 하는 것이 허락되지 않고, 무슨 말을 했기에 부끄러운 것이 되었는가?

헬라어로 '말하다'가 본문의 경우는 '랄레인'으로서 동사는 '랄레오'이다. 이 동사는 일반적으로 '말하다'를 뜻하는 동사 '레고'나 '흐레오'와는 다르게 '지껄이다' '떠들다' 또는 '조잘거리다'(to babble)를 뜻한다. 고린도전서 13:1에서 천사의 말이 방언처럼 통역이 없으면 떠들고 조잘거리는 말과 같아서 이 단어가 쓰였다. 마태복음 9:33에서는 벙어리가 악령에서 풀려나자 입이 열려 말하게 된 것을 두고 '랄레오'라는 동사를 사용했다. 마태복음 26:73에서 갈릴리 사람인 베드로의 사투리 발음을 가리켜 이 동사가 사용되었다.

이로 보건대, 고린도교회 안에서 여자들에게 말하는 것이 허락되지 않고, 말하는 것이 부끄러운 일이었다고 한 것은 시끄럽게 떠들며 말하는 것을 가리켰다. 다시 말해서, 교회 안에서 예배의 분위기를 해치는 시끄러운 질문과 같은 것을 말하지 못하게 한 것일 뿐, 여자가 교회 안에서 기도하거나 예언하며 복음을 전하는 일을 금한 것이 결코 아니었다.

"율법이 말한 것같이 여자들은 복종하시오." '율법이 말한 것 같이'와 관련하여 관주에는 창세기 3:16을 참조하라고 되어 있어서, 여자가 남자에게 복종하라고 율법이 가르치고 있는 것으로 해석될 여지가 있다. 그러나 창세기 3:16의 경우는 아담과 하와가 사탄 마귀의 미혹을 받아 범죄하고 타락함으로써 왜곡된 남녀 간의 관계를 가리킨 것이다. 아담과 하와가 죄 아래 있게 됨으로써 여자는 남자를 성적으로 지배하고 싶은 욕망을 갖게 되고, 남자는 여자를 폭력적으로 대적하게 된다는 것이 창세기 3:16에서 말하고자 하는 남녀 간의 왜곡된 관계이다. 그러기에 창세기의 이 말씀에는 남자가 여자에게 좋은 의미에서 즉 성령 안에서 복종해야 한다는 의미는 전혀 없다. 남편과 아내는 성령 안에서 피차 복종하는 것이 성경의 가르침이다(참조, 엡 5:21).

그렇다면, 바울이 말하는 바, "율법이 말하는 것 같이 여자들은 복종하시오."는 무슨 뜻인가? 이 말씀에는 '누구에게' 무엇을 위해서 복종할 것인지가 전혀 명시되어 있지 않다. 여자들이 교회에서 잠잠하고 시끄럽게 떠들지 말라고 한 것은 남편들과는 전혀 관계가 없기 때문에, 바울은 여기서 남편들에게 복종할 것을 결코 말한 것이 아니었다.

'복종하다'는 동사 '휘포타스소'가 32절에서도 사용되어 있는 바, 예언하는 자들의 영이 예언하는 자들에게 제재를 받는 것을 가리켰다. 이는 예언하는 자들이 성령의 은사를 사용할 때 스스로 억제하라(self-control)는 것이었다. 이로 보건대, 바울이 여자들에게 복종하라고 한 것은, 하나님 앞에서 자신을 낮추어 잠잠하며 자제하고서 하나님께 복종하라는 것이었다.

"무엇을 배우기 원하면 집에서 자기 남편에게 물어보시오."(35절). 바울이 이렇게 명령한 것은 여자들에게 교회 안에서 성경을 가르치는 권리를 인정하지 않은 것으로 해석해서는 안 된다. 바울의 의도는 정반대로 여자에게 교육받을 권리를 보장해 줌으로써 교회 안에서 효과적으로 여자들도 가르치는 권리를 누릴 수 있게 하고자 한 것이었다.

바울이 살던 당대에는 헬라인들이나 로마인들이나 심지어 유대인들 사이에서도 여자들은 거의 교육을 받을 기회를 얻지 못했다. 공식적으로 종교 교육도 받지 못했다. 그래서 이미 교육받을 기회를 얻은 남편들에게 부탁하여 자기 아내들을 집에서 가르침으로써 여자들이 교육받을 기회를 얻게 하고자 했던 것이 바울의 의도였다. 따라서, 아내들이 성경에 대하여 배우고 싶어하면 그들의 기대를 충족시켜 줄 수 있게 남편들이 집에서 최선을 다하라고 바울이 부탁했던 것이다. 바울은 당대의 사회가 여자들에게 폐쇄적이었는데 반하여 여자들을 긍휼히 여겨 교육의 기회를 가정에서 남편을 통해서라도 주고자 했다. 바울은 이미 고린도교회에서는 브리스길라에게, 빌립보교회에서는 루디아에게, 그리고 겐그리아에서는 뵈뵈에게 교육의 기회를 제공하여 그 여자들이 교회 안에서 성경 교사로서 복음을 잘 가르칠 수 있게 하였다.

바울은 여자들이 교육의 기회를 얻지 못한 까닭에 배움과 지식이 부족하여 교회 안에서 무질서하게 소란스런 무식한 질문들을 하는 것이 부끄러운 것임을 알고서 마음이 아팠던 것이다(참조, 35 하반절). 그래서 바울은 여자들에게 더 좋은 성경 교사가 될 수 있도록 교육의 기회를 주고 싶었다.

5. 디모데전서 2:8-15

8절. 그러므로 나는 각처에서 남자들이 분노와 다툼이 없이 거룩한 손을 들고 기도하기를 바란다.

9절. 이와 같이 여자들도 단정한 옷을 입고, 수줍음과 정절로 자기를 단장하며, 땋은 머리나 금이나 진주나 값비싼 옷으로 하지 말고,

10절. 오직 선한 행위로 단장하기를 바란다. 이것이 하나님을 공경한다고 고백하는 여자들에게 합당한 것이다.

11절. 여자는 온전히 순종하면서 조용히 배워라.

12절. 나는 여자가 가르치는 것과 남자를 주관하는 것을 허락하지 않는다. 오직 여자는 조용해야 한다.

13절. 이는 아담이 먼저 창조되고 그 다음에 하와가 창조되었으며,

14절. 아담이 속은 것이 아니라, 여자가 속임을 당하여 죄에 빠졌기 때문이다.

15절. 그러나 여자가 정절로써 믿음과 사랑과 거룩함에 머물면, 그 해산함으로 구원을 얻을 것이다.

바울이 믿음의 아들 디모데에게 이 서신을 쓴 것은 로마에서 1차 투옥 생활에서 풀려나 소아시아 지방을 방문하던 중 에베소교회에 몇 가지 어려운 문제들이 있어 디모데를 에베소에 남겨두었기 때문이었다(딤전 1:5). 그 당시 에베소교회는 밖으로는 핍박의 위협이 있었고, 안으로는 쓸데없는 논쟁(딤전 1:4-6)과 거짓된 이단 사상들(딤전 1:19-20, 6:3-5) 그리고 결혼한 여자들의 무질

서한 품행(딤전 1:9) 등으로 인해 교회가 어려움에 처해 있었다. 바울은 이러한 문제들을 해결하도록 디모데를 에베소교회에 남겨두었었다. 그래서, 바울은 디모데가 이같은 문제들을 해결하는데 도움을 주고자 이 서신을 써보냈던 것이다.

바울은 이같은 외부의 위협과 내부의 문제들로 인하여 무엇보다 기도에 힘쓸 것을 강조했다(딤전 2:1; 참고, 2:8; 4:5; 5:5). 그리고 하나님의 뜻은 모든 사람이 구원을 받으며 진리를 알게 되는 것임을 밝히고(딤전 2:4), 이같은 하나님의 뜻을 이루기 위해서 그리스도 예수께서 죄인을 구원하려고 세상에 오시어(딤전 1:15), 중보자이신 그가 자신을 대속제물로 주셨다는 사실(딤전 2:5-6)을 또한 강조했다.

그런데, 바울이 디모데에게 기도할 것을 요청한 실제적인 이유는, 교회가 "모든 경건과 정중함으로 조용하고 평안한 생활"(딤전 2:2 하반절)을 하게 하기 위함이었다. 또한 이같은 기도가 모든 사람이 구원을 받고 진리를 아는데 이르기를 바라시는 하나님께서 보시기에 선하고 받으실 만한 것이었기 때문이다(딤전 2:3-4).

예수 그리스도는 '사람'(헬라어 '안드로포스')으로서 하나님과 '사람'(헬라어 '안드로포스') 사이에 중보자이시고, 모든 '사람'(헬라어 '안드로포스')의 구원을 위해서 대속 제물이 되셨다. '사람'을 가리키는 헬라어 '안드로포스'는 남자와 여자를 다 포함하여 일반적으로 사람을 가리킨다. 다시 말해서, 구원을 받고 하나님의 진리를 아는 데는 남자나 여자가 차별이 없는 것이다.

이같은 하나님의 뜻과 소원에 비추어서 디모데전서 2:8-15의 본문이 해석되어야 한다.

8절. "나는 각처에서 남자들이 분노와 다툼이 없이 거룩한 손을 들고 기도하기를 바란다." 이 구절에서 '남자'는 헬라어 '아네르'이다. 여자가 아닌 남자이다. 남자들은 그들을 핍박하고 위협하는 가운데 분노하고 다투는 이방인 남자들과는 다르게 거룩한 모습으로 분노나 다툼 없이 기도하기를 바울은 바랬다.

9-10절. "이와 같이 여자들도 단정한 옷을 입고 … 오직 선한 행실로 단장하기를 바란다." 이 구절에서 '여자'는 헬라어 '귀네'로 '결혼한 여자'를 가리킨다. '이와 같이'라고 바울이 말한 것은, 남자들처럼 여자들도 동일하게 단정하게 옷을 입고 행실을 선하게 하라는 것이었다.

바울이 8-10절에서 남자와 여자들 모두에게 간절하게 바란 것은, 남자들은 분노 없이 거룩함으로, 그리고 여자들은 단정함과 정절로 기도함으로써 모든 사람이 구원을 받고 진리를 알게 되는 것이었다.

11절. "여자는 온전히 순종하면서 조용히 배워라." 9절과 10절에서는 '여자들'(헬라어 '귀나이카스'. '귀네'의 복수형)이 쓰였으나, 11절에서는 단수형인 헬라어 '귀네'가 사용되어 있다. 바울은 결혼한 여자들이 남자들처럼 단정함과 정절로 기도하기를 바란다고 말한 다음, 한 여자를 향하여 말하고 있다.

사도행전 18:24-28에서 보면, 아굴라의 아내였던 브리스길라가 성경에 능통했으나 복음과 그리스도를 알지 못했던 아볼로에게 예수가 그리스도이심을 성경을 통해서 더 정확하게 설명해준 바 있었다. 그래서 아볼로가 아가야 지방 곧 고린도로 가서 브리스길라에게서 배운 대로 예수 그리스도를 성경대로 증명하여 유대인들을 힘 있게 논박할 수 있었다.

그런데, 사도행전 19:23-40에서 보면, 에베소 사람들은 여신 아르테미스와 남신 제우스 신당 모형을 만들어 팔며 우상을 숭배했다. 그런가 하면, 악령들의 가르침을 따라, 하와가 거짓에 속았던 것처럼(딤전 2:14), 거짓된 이단 사상을 가르치는 여자가 에베소 교회 안에 있었다(참조, 딤전 4:1-2). 그래서 바울은 그같이 그릇된 이단을 가르치는 여자를 향하여 온전히 순종하면서 조용히 배우라고 한 것이다.

고린도전서 14:34-35에서 말씀되어진 것에 비추어 보면, 에베소교회 안에서 이단 사상을 가르침으로 문제를 일으킨 한 여자는 집에서 자기 남편에게서 배워야 했다. '배우다'는 헬라어는 '만다네토'인데, 이 단어는 '만다노'의 현재, 능동태, 명령형, 3인칭, 단수로서 적극적으로 계속해서 배워야 한다는 것을 뜻한다. (참고, 영어 성경 가운데 RSV는 'let a woman learn'으로, NIV는 'a woman should learn'으로 번역했다.)

'온전히 순종하면서 조용히' 배우라고 바울이 말했는데, 순종을 누구에게 할 것인지에 대해서는 언급한 것이 없다. 단지 순종적으로 조용히 배우라고 하였다. 헬라어로는 '엔 헤쉬키아' '엔 파세 휘포타게'인 바, '조용히'(영어, 'in silence' 또는 'silently') '전적으로 순종함으로'(영어, 'with all submissiveness')이다. '엔 헤쉬키아'('조용히')와 '엔 파세 휘포타게'('전적으로 순종함으로')는 전치사구들로서 유대인 랍비들의 학생들의 배우는 자세를 가리킨다. 학생들은 성경과 율법을 배울 때 온전히 조용한 자세로(참고, 행 22:2; 살후 3:12) 귀를 기울여 잘 들어야 했다. 조용히 들으려면 마음을 다스려 스스로 절

제(self-control)하여 순종적이어야 하는 것이다. 순종해야 할 대상을 바울이 언급하지 않은 것으로 보아, 그는 배우는 학생의 기본자세를 말하고 있는 것이다. 배우는 자는 마땅히 조용히 귀를 기울여 듣되, 마음을 다스려 순종적인 자세를 취해야 했다. 이와 같이, 에베소교회 안에서 결혼한 여자는 가정에서 남편에게 배움에 있어서 조용히 순종적인 자세로 계속적으로 그리고 적극적으로 배우라고 바울이 명령한 것이다.

그런데, '배우다'는 히브리어 '라마드'는 강조형(피엘형) '리메이드'의 경우 '가르치다'를 의미한다. 이로 보건대, 배우는 것은 결과적으로 가르치기 위한 것이다. 배우면 가르치는 것이 당연하다(참고, 딤후 2:2). 교회 안에서 여자들, 특히 결혼한 여자들에게 배움의 기회를 주는 것은 그들이 교회 안에서 가르칠 수 있게 하기 위함이었던 것이다. 그래서 브리스길라와 뵈뵈가 교회 안에서 복음을 가르쳤고, 디모데의 외할머니 로이스와 어머니 유니게가 디모데에게 어려서부터 성경을 가르쳐 주었던 것이다(참고, 딤후 1:5; 3:14-15).

이로 보건대, 교회 안에서 결혼한 여자가 온전히 순종하면서 조용히 배우라는 이 명령에는 교회 안에서 여자에게 가르치는 역할을 제한하는 것이 전혀 담겨있지 않다. 여자 목사 임직을 반대하는 학자들이 이 구절을 근거로 제시하면서 고린도전서 11:3 '여자의 머리는 남자이다'와 연결을 지어 가르쳐서는 안 된다고 주장했다(참조, 권성수와 김길성의 논문. 「신학지남」 63호. 1996년 가을호.)

여자 목사 임직을 반대하는 학자들이 근거로 제시하는 '머리'와 관련해서, '그리스도의 머리는 하나님이시다.'에 관해서 생각해 보면, 그들의 반대하는 논리가 성경적이 아님을 알 수 있다. 하나님의 아들이신 그리스도 예수는 아버지 하나님의 뜻을 따라 모든 하나님의 택함 받은 자녀들의 구원을 위하여 자기 목숨을 대속 제물로 내어 주고자 십자가에서 못 박혀 피 흘려 죽기까지 절대적으로 순종하셨다(참고, 딤전 2:4-6; 빌 2:8). 그러나 그가 아들로서 아버지 하나님께 절대 순종하셨다고 해서, 아들이 창조주로서(요 1:1-3; 골 1:16) 그리고 구속주로서(딤전 1:1) 권위나 역할이 제한되거나 박탈된 일이 결코 없다. 그러기에 디도서 2:11과 3:4에서는 아버지 하나님이 구주로 언급되어 있고, 곧 이어서 2:13과 3:6에서는 아들 예수 그리스도가 구주로 언급되어 있다. 베드로는 그의 서신에서 예수 그리스도를 호칭할 때 '우리 하나님, 곧 구주 예수 그리스도'(벤후 1:1) 또는

'우리 주님, 곧 구주 예수 그리스도'(벧후 1:1; 2:20; 3:18)
이라고 했다. 이로 보건대, 결혼한 여자가 남편에게 순
종한다고 해서 교회 안에서 여자의 가르치는 역할이나
권위가 배제되어야 할 아무런 이유도 없는 것이다. 브리
스길라나 뵈뵈 그리고 로이스나 유니게처럼 직분을 받
아 가르칠 수 있기에, 바울은 교회 안에서 여자들이 공
적으로 기도하고 예언(설교)하며 방언하는 것을 결코
금하지 않고, 다만 소란스럽거나 무질서하게 하지 말라
고 했다(참고, 고전 11:5; 14:1, 5).

12절. "나는 여자가 가르치는 것과 남자를 주관하
는 것을 허락하지 않는다. 오직 여자는 조용해야 한다."

바울이 이렇게 말한 것은, 거짓 교사들의 미혹을 받
아 교회 안에서 예배 질서를 문란하게 하던 결혼한 여
자들에게 주는 경고였다. 그런 까닭에, 13-14절에서 바
울이 설명한 것을 보면, 하와가 아담에 비해 생명의 언
약의 말씀(창 2:16-17)을 잘 알지 못하면서도 사탄의 미
혹을 받아 속았던 것처럼(창 3:1-6), 에베소교회에서도
일부 결혼한 여자들이 거짓 교사들의 미혹을 받아 속
아서 그릇된 이단 사상을 남편들에게 가르치려 했기 때
문에, 이같이 바울이 경고했던 것이다.

결혼한 여자들에게는 바울이 살던 당대에는 남자

들에 비하여 공적으로 교육을 받을 기회가 없었기 때문에, 이해력과 판단력이 떨어져 거짓 교사들의 거짓된 이단 사상에 속기가 쉬웠다. 그래서 여자들의 잘못된 지식으로 남편들을 잘못되게 할 가능성이 높았다. 이는 마치 하와가 사탄에게 속아 잘못된 지식으로 남편 아담도 속여 죄에 빠지게 한 것과 같았던 것이다.

'남자를 주관하지 말라.'는 경고의 말씀은 헬라어로 '아우덴테인'으로 동사 '아우덴테오'의 부정사이다. 이 동사는 창세기 3:16에서 여자가 남자에 대하여 성적인 욕망을 가지고 지배하려 하는 것을 배경으로 해석되어야 한다. '아우덴테오'는 '엑수시아조'나 '퀴리유오'와는 성격이 다르다. '엑수시아조'의 명사인 '엑수시아'나, '퀴리유오'의 명사인 '퀴리오테스'와 '퀴리오스'는 강력하게 주관하고 지배하는 권세를 의미하기 때문에, 권세를 가지고 지배하거나 주관하는 경우는 동사 '엑수시아조'와 '퀴리유오'가 쓰인다. '아우덴테오'는 성경에서 이 구절에서만 사용된 것으로 아내가 남편을 치마폭에 넣고 좌지우지하는 것을 의미한다. 권위를 가지고 지배한다기보다는 여성으로서의 매력을 가지고 정서적으로 좌지우지하는 것을 의미하는 것이다. 그런 까닭에, 바울이 여자에게 남편을 주관하지 말라고 말한 것은, 하와가 아담을 감

언이설로 속여서 좌지우지했던 것처럼, 여자도 남편을 거짓된 이단 사상으로 속여서 좌지우지하려고 하지 말라는 것이었다. 그러므로, 이 구절은 여자 목사 임직을 반대하는 근거가 될 수 없다.

15절. "그러나 여자가 정절로써 믿음과 사랑과 거룩함에 머물면, 그 해산함으로 구원을 얻을 것이다."

바울이 에베소교회의 여자들에게 바란 것은, 그들의 교회의 예배 질서를 소란케 하고 남편들을 좌지우지하는 대신에, 정절과 믿음과 사랑과 거룩함으로 성령의 열매를 맺어 해산함으로 구원을 얻는 것이었다. 하나님의 소원이 모든 사람이 진리를 알고 구원을 받는 것이고(딤전 2:4), 그리스도께서는 하나님의 이 소원을 이루시고자 자신을 대속제물로 내어주신 것(딤전 2:6)을 여자들이 알고 교회 안에서 구원을 위해 적극적으로 역할을 해 줄 것을 바울이 기대했던 것이다.

창세기 3:15에 보면, 여자의 후손을 통하여 사탄 마귀를 파멸시키고 구원을 얻게 하는 원복음을 하나님이 약속으로 주셨다. 그리고 마태복음 1:1-17에 있는 예수 그리스도의 족보를 보면 그는 다윗의 자손이었고(마 1:1), 아브라함 이후 다윗이 태어나기까지는 다말과 라합과 룻이 있었다(마 1:3-6). 그리고 하나님은 다윗에게 약속한 때가 찼을 때에 여자, 곧 마리아에게서 아들, 곧 예수님이 태어나게 하시고, 모든 사람을 율법의 저주에서 속량하여 구원을 받게 하셨다(갈 4:4-5).

하와가 모든 산 자들의 어머니가 되었듯이(참고, 창 3:20), 이제 에베소교회에서 결혼한 여자가 정절과 믿음과 사랑과 거룩함으로 하나님의 구원이 베풀어지게 하는데 역할을 감당하게 될 것을 바울은 기대하였다. 다말과 라합과 룻 그리고 마리아가 하나님의 구원 역사를 위해 주요한 역할을 한 것처럼, 그리고 브리스길라가 에베소교회에서 큰 역할을 한 것처럼, 바울은 이제 에베소교회 안에서 결혼한 여자가 예배의 질서를 소란하게 하거나 그릇된 이단 사상을 가르쳐 남편들을 속이는 대신에, 하나님의 구원을 위해 역할을 감당해 줄 것을 소원하였다.

결론

　우리나라의 아름다운 전통에 의하면 남편과 아내 간에 사용하던 호칭들에 '보배와 같이 소중한 사람'이라는 '여보', '내 몸과 같이 내 삶의 전부'를 의미하는 '당신', 상대를 자기의 주인으로 여기는 '임자', 서로 떨어져 있을 수 없는 한 몸으로서 남편과 아내 사이에는 높고 낮음이 없다는 뜻을 가진 '이녁'이 있었는가 하면, 남편 옆에서 지켜주는 사람을 뜻하는 '여편네', 왕후처럼 존귀한 자를 가리켜 부르던 '마누라', 왕이나 정승에 버금가는 자라는 뜻으로 남편을 높여 부르던 '영감' 등이 있었다. 그런데, 이 호칭들이 시간이 흐름에 따라 사회가 가부장적이 되면서 가정이나 사회에서 여자의 위치와 권위와 역할이 제한되고 이 호칭들의 의미들도 크게 왜곡되고 변질되었다.

이와 비슷하게, 교회 안에서도 성경이 가르치는 남자와 여자의 본래의 역할이나, 하나님의 은혜로 회복된 남자와 여자의 역할이 왜곡되고 변질되었다. 특히, 범죄하여 타락함으로 부패하고 변질된 가부장적 권위와 역할이 지배하게 되어 여자의 역할이나 위치와 권위가 현저하게 제한되었다. 그같은 죄의 영향이 지금도 교회 안에 남아 있어서 여자의 역할이 제한되어, 일부 교회에서는 성경을 가부장적인 관점에서 해석하여 여자가 목사나 장로로 임직받는 것을 반대하고 거부하고 있다.

하나님의 형상과 관련하여 창세기 1:26-28을 보면, 남자와 여자가 동일하게 하나님의 형상으로 창조되어 왕 같은 존재 또는 하나님의 선한 청지기로서 시간과 공간을 자연 만물과 자연의 법칙 등을 활용할 수 있는 권위를 부여받았었다. 또한 창세기 2:18-25에 보면, 에덴동산에 하나님이 가정을 세워 주시면서, 여자를 남자의 갈빗대로 만들어 여자가 남자의 보호자요 영광이요 자랑이며 힘이 되게 하시고, 여자에게 가정을 일으켜 세우는 역할을 맡겨 주셨다.

그러나, 아담과 하와가 사단의 거짓에 속아서 범죄하고 타락함으로써 남자와 여자의 관계가 뒤틀리게 되었다. 여자가 성적 욕망을 가지고 남편을 좌지우지하려 하는가 하면, 남자는 폭력적으로 여자를 지배하려 하게 된 것이다(창 3:16). 아담과 하와 이후로 가부장적인 일부다처제가 생겨나고 남자는 힘과 권력을 가지고서 여자를 성적 노리개로 삼으려했다(창 4:19; 6:1-4). 그리고 여자들은 가정에서 자식들을 낳는 생산자 역할을 주로 하게 되었다(참조, 창 19:30-38; 25:1-6- 29:31-30:24).

이같은 죄의 영향으로 말미암은 남녀간의 변질된 역할을 하나님께서는 그리스도 안에서 은혜로 구원을 베풀어 본래대로 회복시키셨다. 그래서 그리스도 예수 안에서는 남자나 여자가 차별이 없게 하셨다(갈 3:28). 하나님은 여자에게도 힘을 주시어 남편을 세워주고 재산을 모으며 억세게 일도 할 수 있게 하여 공적으로 사회에서 존경과 칭송을 받게 하셨다(참고, 잠 31:10-31).

구약의 경우, 하나님은 사사 드보라를 여선지자요 정치 지도자로 세우셨고, 룻을 다윗의 할머니로 세워 메시아의 가문을 잇게 하셨으며, 에스더를 왕후로 세워 유대 민족을 대학살의 위기에서 건져내게 하셨다. 신약의 경우, 비천한 신분의 마리아가 복이 있는 주님의 어머니(눅 1:43)가 되었고, 일곱 악령 들렸던 막달라 사람 마리아는 예수님과 그의 제자들을 섬겼는가 하면 예수님의 십자가 사건과 무덤에 묻히신 것과 부활의 첫 증인의 역할을 하였으며, 요한 마가의 어머니 마리아는 예루살렘 다락방 교회의 여주인 역할을 했고, 루디아는 빌립보교회의 주역이었으며, 브리스길라는 고린도교회, 에베소교회, 로마교회에서 여주인이자 성경 교사로서 바울의 최측근 동역자 역할을 하였고, 뵈뵈는 겐그레아교회의 여집사이자 보호자이며 여주인으로서 역할을 하였다. 이렇듯, 구약시대와 신약시대에 하나님은 은혜로 예수 그리스도 안에서 남자와 더불어 여자들이 복음과 하나님의 나라를 위하여 동등한 권위를 가지고 교회 안에서 역할을 맡게 하셨던 것이다.

21세기에 접어들면서 하나님의 섭리로 가부장적이었던 우리 사회의 시대적 흐름이 현저하게 변하여, 여자의 위치와 권위와 역할이 크게 확보되고 확대되고 있다. 이 시대적 흐름과 함께 하나님의 성령의 역사로 교회 안에서도 여자의 역할이 더욱 확대되기를 기대한다.